To. _____

From. _____

이 자서전은 실화를 바탕으로 합니다.

© 2009 ~ 2024 SmileStory Inc. All rights reserved.
이 책의 일부나 전체 내용을 무단으로 복사, 복제, 전재하는 것은 저작권법에 저촉됩니다.
저자와의 협의하에 인지는 붙이지 않습니다.

[Before the Story]

 저의 자서전을 읽어주시는 여러분께 진심으로 감사드립니다.
이 책은 저의 삶을 더욱 진지하게 바라보고자 하는 마음을 담아 출간되었습니다.

 이 소중한 기록은 제 인생의 여정과 성장의 과정, 실패와 성공의 순간들 그리고 그 속에서 잠재력을 발휘하기 위해 끊임없이 노력해오며 얻은 소중한 교훈들이 고스란히 담겨 있습니다. 이 모든 것들을 독자 여러분과 함께 나누고자 합니다.

 인생은 우리에게 다양한 어려움과 도전을 안겨줍니다. 이는 우리를 성장시키고, 그 과정에서 얻는 교훈들은 우리의 삶을 더욱 풍요롭게 만듭니다. 저의 삶에서 겪은 어려움과 도전, 그리고 실패와 성공에 대한 솔직한 이야기들이 여러분의 삶에도 긍정적인 변화와 영감을 주는 계기가 되기를 바랍니다.

 이 책은 단순히 저의 이야기를 전달하는 것 이상으로 독자여러분의 마음에 다가가고 동기를 부여하며 인생의 여정에서 얻을 수 있는 가치와 의미를 공유하고자 합니다.

저의 이야기를 통해 독자 여러분이 자신의 삶을 더욱 깊게 바라보고, 자신만의 꿈과 목표에 도전하는 과정에서 어려움을 극복하며 성장하는 데 도움이 되기를 진심으로 바랍니다.

인생의 진실을 찾아가는 과정에서 얻은 깊은 경험과 교훈들을 여러분과 나누는 이 순간이 무척 설레고 기쁩니다. 저의 이야기를 통해 독자 여러분과의 연결과 공감할 수 있기를 기대합니다. 독자 여러분의 지지와 격려는 제 힘의 원천입니다.

마지막으로, 이 책을 읽으며 함께 나아가는 이 여정이 독자 여러분에게도 행복하고 의미 있는 시간이 되기를 진심으로 바랍니다. 독자 여러분의 사랑과 관심에 감사드리며, 제 이야기가 여러분에게 긍정적인 영감과 용기를 전할 수 있기를, 삶을 보다 깊이 있게 바라볼 수 있기를, 서로에게 힘이 되는 순간들이 많기를 희망합니다.

2024년 1월 1일
여명을 바라보며
황정리 올림

Synopsys 시놉시스

황정리의 이야기는 단순히 태권도의 고수로서의 길을 걷는 것이 아니었다. 어린 시절부터 그는 태권도에 대한 열정이 남달랐고 그의 삶은 이 무술을 통해 형성되었다. 황정리의 태권도 실력은 단순한 기술의 연마를 넘어선 것이었다.

그는 태권도에 원의 원심력의 원리와 철학을 깊이 있게 이해하며, 이를 자기 삶에 적용했다. 그의 태권도는 단지 발차기와 주먹질이 아니라, 삶을 대하는 태도와 철학이었다.

그의 놀라운 실력과 열정은 결국 큰 스크린으로 이끌었다. 황정리는 전통 태권도의 아름다움과 현대 액션 시네마의 화려함이 만나는 새로운 장르를 창조했다.

그의 영화는 단순히 액션의 연속이 아니었다. 각 영화는 그의 철학과 태권도에 대한 깊은 이해를 바탕으로, 인간의 감정과 성장을 그려냈다.

그러나 성공의 길은 순탄치만은 않았다. 영화 촬영 중 겪은 부상과 스트레스는 그에게 큰 시련을 안겼다. 태권도에 대한 열정과 영화에 대한 사랑 사이에서 그는 극심한 갈등을 겪었다.

하지만 황정리는 절대 포기하지 않았다. 그는 태권도에 원의 원심력의 원리와 정신을 영화에 담으며 캐릭터와 스토리에 깊이를 더했다.

그의 여정은 인간의 감정과 성장의 이야기를 담고 있었다. 그는 사랑, 우정, 가족, 그리고 자아를 발견하는 여정을 통해 삶의 의미를 찾아 나갔다.

이 모든 경험은 그를 더욱 강하게 만들었고, 그의 영화는 단순한 엔터테인먼트를 넘어서 영감과 동기부여를 제공하는 작품이 되었다.

'황정리 나의 인생, 나의 무술'은 단순히 자서전이 아니었다. 이 작품은 무술과 영화를 사랑하는 사람들에게 깊은 감동과 영감을 전달했다.

황정리는 세계적인 명성을 얻었지만 그는 항상 자기 뿌리인 태권도에 충실했다. 그는 태권도의 원심력의 원리를 발전시키며 이를 통해 인생의 진정한 승리자가 되었다.

황정리의 이야기는 단순한 성공담이 아니다. 그의 삶은 태권도의 진정한 의미를 탐구하고, 이를 통해 인생을 극복하는 방법을 보여주었다.

그의 영화와 책은 그가 걸어온 길을 보여주며 그를 따르는 이들에게 깊은 영감을 제공한다. 황정리는 태권도의 고수이자, 영화의 스타 그리고 인생의 승리자로 기억될 것이다.

Storyboard

Before the Story   5

Synopsys (시놉시스)   7

STORY 1. 나의 10대 (1944~1963)   15
    1-1. 시네마 천국   17
    1-2. 닥터 스트레인지   21
    1-3. 라이온 킹   25
    1-4. 건축학개론   28
    1-5. 소년시대   31

STORY 2. 나의 20대 (1964~1973)   39
    2-1. D.P.   41
    2-2. 포레스트 검프   45
    2-3. 봄날은 간다   49
    2-4. 이미테이션 게임   52
    2-5. 그래비티   55
    2-6. 트루먼 쇼   57
    2-7. 인터스텔라   58
    2-8. 영웅   60

2-9. 탑건	64
2-10. 명량	68
2-11. 태극기 휘날리며	70
2-12. 쉰들러 리스트	72
2-13. 007	74
2-14. 어바웃 타임	77
2-15. 트랜스포머	80

STORY 3. 나의 30대 (1974~1983) 89

3-1. 미생	91
3-2. 아바타	93
3-3. 인셉션	95
3-4. 미션 임파서블	100
3-5. 언터처블	103
3-6. 취권	106
3-7. 슬럼독 밀리어네어	114
3-8. 첨밀밀	117
3-9. 러브 액츄얼리	122
3-10. 조커	125
3-11. 사망탑	127
3-12. 취권무	130
3-13. 아이 앰 샘	133

STORY 4. 나의 40대 (1984~1993)   141

    4-1. 하울의 움직이는 성   143

    4-2. 폴리스 스토리   145

    4-3. 킹스맨   147

    4-4. 쇼생크 탈출   150

    4-5. 와호장룡   152

    4-6. 영광의 깃발   154

    4-7. 님아, 그 강을 건너지 마오   157

    4-8. 대부   159

    4-9. 영웅본색   162

    4-10. 센과 치이로의 행방불명   166

    4-11. 신세계   172

    4-12. 신과함께   175

STORY 5. 나의 50대 (1994~2003)   183

    5-1. 라라랜드   185

    5-2. 모래시계   187

    5-3. 주유소 습격 사건   192

    5-4. 빠삐용   195

    5-5. 아웃 오브 아프리카   198

    5-6. 캐치 미 이프 유 캔   201

    5-7. 사랑의 불시착   203

STORY 6. 나의 60대 (2004~2013)   **211**

   6-1. 굿 윌 헌팅   213
   6-2. 인턴   215
   6-3. 오징어 게임   218
   6-4. 마스터   220
   6-5. 부활   222
   6-6. 드래곤볼   225
   6-7. 버킷리스트   227

STORY 7. 나의 70대 (2014~2023)   **235**

   7-1. 시간은 거꾸로 간다   237
   7-2. 더 퀸   239
   7-3. 에어포스 원   241
   7-4. 프레스티지   243
   7-5. 제리 맥과이어   245
   7-6. 멋진 인생   247

After the Story   251

정리의 출연 작품   253

레디 액션!   256

STORY 1. 나의 10대
(1944~1963)

1-1. 시네마 천국	17
1-2. 닥터 스트레인지	21
1-3. 라이온 킹	25
1-4. 건축학개론	28
1-5. 소년시대	31

1-1. 시네마 천국

1944년 12월 21일 일본 아오모리현(あおもりけん, Aomori-ken)에서 한 우량아의 탄생을 알리는 울음소리가 메아리쳤다. 그날은 적당한 구름 사이로 축복이라도 하듯 태양이 방긋 고개 내민 선선한 날이었다.

나는 아버지 황오남님과 어머니 허차연님의 8남매 중 셋째로 태어났다.

당시 기억으로 홋카이도를 개발하기 위해 일본 정부의 식민지 정책에 따라 한국인 일부를 대거 이주시키면서 거대한 파도에 휩쓸리듯 가족들도 그곳으로 이주했다고 들었다.

대한민국이 독립한 후 다음 해에 가족들은 희망이라는 길잡이의 작은 나침반을 따라 아버지의 고향인 경남 함양으로 돌아왔다.

아버지는 마을 이장님을 찾아 나와 형제들의 출생 신고를 마쳤다. 그렇다. 나의 국적은 한국인이다.

아버지는 도기 기술자셨고 내가 다섯 살 될 무렵 도자 문화가 깊은 전라북도 남원으로 이사 갔다. 그러나 새로운 터전에 뿌리를 내리기도 전에 1950년 6월 25일 전쟁이 발발하였고 그 시기는 폭풍우속의 배처럼 어디로 튀어 나갈지 모를 불안과 공포가 가득했던 것으로 기억한다.

폭격을 피해 낮에는 산 속으로 피신했는데 총성인지 포성인지도 모를 소리가 온 산천을 뒤흔들 때면, 우리 가족은 짙게 드리운 어둠 속 바람에 휘청이는 등불처럼 너무도 위태로웠다.

집에서 잠을 청하던 어느 날 밤에는 인민군이 집에 들어와 밥을 지어 놓으라고 총부리를 들이대서 어머니가 밥을 지어준 기억도 난다. 어디로 도망갈 수 없었기에 공포를 참고 견디며 살아갈 수 밖에 없었다.

1953년 7월 27일 전쟁에 참여했던 국가들의 휴전 협정과 함께 우리의 어렵고 혼란스러운 시기도 3년 만에 끝을 맺게 되었다. 해방을 맞이한 우리 가족은 남원 시내로 이사하여 당시 새로 지어진 남원 용성초등학교 바로 옆집에 정착했다. 그곳에서 형제들과 함께 유년 시절을 보냈다.

나는 매일 선명한 아침 햇살 아래 학교 운동장에서 줄을 이루고 있는 학생들을 보았다. 나는 그들을 보며 강력한 자력에 끌려가듯 자연스럽게 그들 사이로 숨어들었다.

때마침 호명되는 학생들의 이름 중에는 당연히 내 이름은 없었고 선생님은 고개를 갸우뚱하실 뿐이었다. 사흘이 지나서야 이름을 비롯해 이런 저런 것들을 물어보셨고 번갯불에 콩 구워 먹듯 그날로 동생들과 함께 초등학교에 다니게 되었다.

현대의 입학 절차에서는 상상조차 할 수 없지만 6.25 전쟁 직후의 혼란한 상황을 고려하면 물살을 따라 나뭇잎이 떠내려가는 것처럼 자연스러운 일이었다.

체육 수업 시간에는 축구며 달리기며 다양한 운동이 있었다. 따로 특별히 교육받은 것은 없었음에도 불구하고 체육 점수는 항상 내가 단연 1등이었다. 여러 차례 체육과 관련한 우등상들을 휩쓸면서 내가 체육쪽으로 재능이 있다는 것은 어머니의 태몽을 통해 듣게 되는 데 그리 오래 걸리지 않았다.

어머니가 경상도 사투리로 형제들에게 태몽을 이야기하던 기억이 선명하다.

"니는 어떻고, 니는 어떻고…."

나의 태몽은 하늘에서 주변이 환하게 밝혀질 만큼 강렬함을 머금은 빨간색 깃털의 장닭이 봉황처럼 훨훨 날아다니더니 대나무 위에 잠시 앉았다가, 다시 어머니 치마폭으로 날아 폭 안겼다고 한다. 그리고 얼마 지나지 않아 나를 임신했다고 말씀하셨다.

어머니가 꾸신 꿈은 나의 인생과 어떤 신비로운 연결고리가 있는 것 같았다. 발차기로 날아다녔던 나의 과거를 돌아보면 하늘에서 나를 무술인으로 점지해 두고 어머니께 보낸 게 아닐까 싶다.(웃음)

1-2. 닥터 스트레인지

나는 가난했지만, 마음에는 끝없는 호기심과 열정이 넘쳤다. 학교 근처에 당수도 도장이 있어서 관심이 쏠렸지만 가정 형편상 그 곳에 다니기는 어려웠다.

그래서 나는 도장의 창문 너머로 연습하는 사람들을 지켜보며 그들의 움직임을 모방하려고 노력했다. 그것이 나에게는 놀이이자 즐거움이었다. 주변 사람들이 하는 일에 항상 주목하며 그것들을 기억해 두었다가 혼자 연습하는 것이 나의 일상이었다. 그러나 체계적인 교육을 받지 못해 항상 마음 한편에 공허함을 느꼈다.

승부욕이 강했던 나는 정규 당수도 수업을 받는 또래들보다 더 나아지고 싶은 열망이 컸다. 그런 마음과 함께, 나의 무술 인생을 완전히 바꿔놓을 작은 사건이 다가오고 있었다.

늘 배고픔을 느끼던 어느 날 산토끼는 산에서만 산다는 기억이 나서 토끼 사냥을 하기 위해 산으로 향했다. 산의 경사진 모래 비탈길을 오르던 중, 발이 미끄러져 거의 넘어질 뻔했다.

그 순간, 나는 주변 나뭇가지를 붙잡으려 했으나 가지가 부러지며 "피릭릭" 하는 소리와 "탁" 하는 소리를 내며 금방 다른 나무에 박혔다.

산토끼를 잡지 못했지만, 바람이 선선하게 불어오던 그 순간의 모든것이 내 기억에 선명하게 남았다. 부러진 나뭇가지, 내 손에 들린 나뭇가지 그리고 날아간 나뭇가지까지…. 나는 엉덩이를 털고 한두 발짝 물러서서 이 모습을 바라보았다.

부러진 곳과 딱 박힌 곳이 일직선을 이룬 모습이 마치 세상의 균형을 이루는 것처럼 보였다.

손에 든 나뭇가지를 흔들면서, 방금 일어난 일을 되새겨 보았다. 나뭇가지가 돌아가며 나무에 박히는 모습과 그 원인 및 현상에 대해 고민하며 해답을 찾으려고 노력했다. 그 순간, 지구가 둥글다는 사실이 떠올랐고 곧이어 원심력의 작용을 깨닫게 되었다.

　무언가가 돌면서 파고드는 현상에 대해 생각하던 중, 개와 고양이의 움직임이 떠올랐다. 그들이 앞으로 나아가며 원을 그리는 움직임과 뒤로 당겨가며 원을 그리는 전진하는 그 모습이 해답을 찾는 데 큰 도움이 되었다.

　성인이 된 후 이러한 현상과 몸의 움직임을 좀 더 체계적으로 이해하고, 무의식중에 그것을 통합해 나갈 수 있었다.

　이러한 이해는 나의 무술 인생을 완전히 바꿀 계기가 되었다. 그 원리를 이해하고 무의식적으로 몸에 익힌 후 곧바로 실전에서 적용해 보고 싶은 충동이 생겼다. 이에 호기롭게 당수도 도장을 다니는 또래들에게 방과 후에 겨루기를 제안하며 도전장을 던졌다.

원의 원심력의 원리를 바탕으로 내 움직임을 원형 궤도에 맞추었다. 허리를 회전시키며 원을 그리는 움직임, 다리를 들어 몸 쪽으로 당기는 원형 궤도, 주먹을 휘두를 때의 원형 궤도 등 모든 움직임이 원의 원심력의 원리를 따랐다. 이런 방식으로 생각을 정리하고 연습한 결과 나는 겨루기에서 항상 승리를 거두었다. 특히 상대방의 공격이 내 눈에 선명하게 드러났다.

그 시절을 회상하면서 나는 그때의 또래 친구들에게 여전히 미안한 마음이 든다. 만약 만날 기회가 있다면 그들에게 '미안하다'고 말하고 싶다. 내게 그들과의 겨루기는 연습의 기회였지만 그들에게는 그렇지 않았을 수도 있다는 생각이 든다. 그럼에도 그 시절 나는 다른 어떤 것보다 행복했다.

1-3. 라이온 킹

　초등학교 시절 구름을 가르고 날아오르는 새처럼 운동장을 자유롭게 가로질러 축구를 즐겼다. 많은 상을 거머쥐며 나는 하늘의 별처럼 빛나 보였다. 그 시절의 상들은 공책이나 연필 같은 작은 것들이었지만 친구들과 나누며 느끼는 기쁨은 어떤 선물보다도 귀중했다.

　중학생이 되면서 형제 중 나 혼자만 마산에 계신 이모님 댁에서 지냈다. 중학교에서는 운동 신경이 좋다 보니 달리기 선수로 활약했다. 체육대회가 열릴 때면 나는 마치 무대 위의 주연 배우처럼 모두의 시선을 한 몸에 받았다.

　고등학교에 진학하면서 나는 태권도라는 새로운 세계에 발을 들였다. 마산고등학교에서는 여러 시합이 자주 열렸고 그중 태권도 시합도 포함되어 있었다. 어린 시절 창문 너머로 바라본 풍경처럼 흥미로웠지만 나는 관람자로서만 그것을 바라볼 수 있었다. 원의 원심력을 이해했고 당수도를 어깨너머로 배웠지만 태권도에 관해서는 공식적인 단증이 없었기 때문이었다.

이후 한인찬님을 만나게 되었고 그분의 도움으로 태권도 초단, 2단, 3단을 차례로 취득하게 되었다. 3단까지는 순조롭게 진행되었으나 4단 취득에는 일정한 경력이 필요해 잠시 좌절감을 느꼈다.

나는 다시 일정한 경력을 쌓은 뒤 한인찬님의 도움을 다시 받아 4단 시험을 성공적으로 치르고 단증을 획득했다. 그때 나는 삶에 우연이란 없다는 것을 깨달았다.

용의 발톱 (1979) 스틸컷

고등학교 졸업 후 해군에 지원했지만 불합격했다. 얼마 후 신체검사에서 갑종을 받고 6개월 뒤 육군 입대 영장을 받았다. 입영통지서를 받자마자 서울에 있는 하숙하는 친구 집의로 나와 다른 친구와 함께 올라 상경했다. 하지만 그곳에서의 생활은 생각보다 짧게 끝났다.

화장실에는 좌식 변기가 설치되어 있었는데 나와 친구는 사용법을 몰라 변기 위에 올라가서 엉거주춤하게 볼일을 보는 웃지 못할 상황이 발생했다.

또 한 번은 친구가 집 앞에 서 있는 걸 보고 그 이유를 물었더니 하숙비를 내지 않은 것이 미안해서 도움이라도 주고 싶어 친구는 마당의 잡초를 모두 뽑았는데 그게 사실은 잔디였다고 했다. 그 일로 인해 친구와 나는 그 집에서 쫓겨나게 되었다.

1-4. 건축학개론

나는 하루아침에 낙동강 오리알 신세가 되었다. 그때 황씨 성을 가진 친구를 만나 나는 홀로 집에서 생활하며 청소 등 일상적인 일로 생계를 유지하게 되었다.

어느 날 치아가 문제가 있어서 살던 곳 근처 치과에 가서 검진 받았는데, 그곳에서 근무하는 또래의 여성 간호사가 상당히 예뻤다. 그녀를 보기 위해 치과를 찾아가서 치과 원장님에게 치과에 있던 바둑판을 빌려 가는 척, 다음날 다시 가져다주는 계획을 세울 수 있었다.

다음 날, 나는 치과에 전화를 걸어 약속을 제안했다.

"어제 바둑판을 빌린 사람입니다. 시간이 되시면 차 한 잔 어때요?"

"네. 좋아요. 차 한잔하죠!"

"그럼, 원효로에 있는 ㅇㅇㅇ 다방에서 오늘 저녁 7시에 만나요!"

약속을 잡고 나서 그녀를 기다리는 시간이 참으로 길게 느껴졌다. 드디어 약속 시간인 7시가 되어 설레는 마음으로 약속 장소에 도착했지만 그녀는 나타나지 않았다. 그녀를 기다리면서 답답함과 초조함이 가득 차올랐다. 시계를 보니 벌써 5분이나 지나 있었다.

19:05

결국 짜증을 내며 그 장소를 떠나려는 찰나, 그녀가 나를 향해 걸어오는 모습이 눈에 들어왔다. 하지만 기다림으로 인한 상처가 이미 깊어져서 그녀를 무시한 채 집으로 돌아갔다. 그녀 역시 나를 알아보았지만 내가 모른 척하자 그냥 지나쳐 버렸다.

내가 얼마나 속 좁은 행동을 했는지…. 단 5분이 지났을 뿐인데, 그때는 그 시간이 얼마나 길게만 느껴졌는지…. 친구에게 5분을 기다린 것이 억울하고 화가 나서 더 이상 기다리지 않고 그 장소를 떠났다고 말했더니 친구는 내가 속이 좁다고 말했다.

며칠 후 근처 미용실에서 알게 된 노랑머리 친구가 전화를 걸어와 근처 OOO다방에 가면 누군가가 기다리고 있다며 얼른 나가보라고 했다. 누구냐고 물었더니 가보면 알게 될 거라고 대답했다. 누가 나를 만나고 싶어 하는지 궁금해져서 서둘러 그곳에 달려갔더니 그녀가 거기 있었다.

그날은 날씨가 약간 쌀쌀했다. 추운 날씨를 피해 다른 다방으로 가자고 제안하며 나를 설레게 했던 그녀의 손을 꼭 잡고 내 코트 호주머니에 넣었다. 그녀도 그게 마음에 들었는지, 가만히 손을 내버려두었다. 우리는 추위도 잊고 한강 쪽으로 걸어갔다. 이런저런 이야기를 나누며 걷다 보니, 시간이 어떻게 흘러가는지조차 모르게 되었다.

그녀와의 만남은 내 삶에 큰 설렘을 가져다주었다. 일주일 후 나는 부모님께 인사를 드리고 군대에 입대했다.

1-5. 소년시대

　나의 어린 시절을 바다의 거친 파도에 비유하는 것은 조금 과한 표현일 수도 있겠지만 그럼에도 한 척의 작은 배가 힘겹게 파도를 뚫고 나가는 여정, 그것이 바로 나의 소년시대였다. 해결책이 보이지 않는 수많은 문제와 마주하며 나는 마치 자물쇠를 열기 위해 무수히 많은 열쇠 꾸러미를 뒤적이는 모습이었다.

　앞서 언급했듯이 이 시기는 삶에는 우연이란 없다는 것과 어떤 분야에서든지 멘토가 꼭 필요하다는 결론을 남기게 해 준 중요한 시기였다. 그러나 절대로 나는 이 모든 것을 혼자서 이룬 것이라고는 말하지 않겠다.

"별이 저 홀로 빛나는 게 아니다.
그 빛을 이토록 아름답게 하기 위하여
하늘이 스스로 저물어 어두워지는 것이다."
　　　　　　　　　　　　　- 이달균 시인의 〈관계〉

　나 역시 절대 홀로 살아온 것이 아니다. 내가 스스로 해답을 찾아내려 노력하긴 했지만 그 배경에는 나를 키워주고 나의 발판이 되어준 가족,

친구, 이웃과 같은 아름다운 이름들이 있었다. 별이 홀로 빛나는 것이 아닌 것처럼 나 또한 주변 사람들의 도움과 희생 속에서 성장할 수 있었음을 돌이켜 생각해 본다.

10대라는 시기는 흔히 사춘기, 질풍노도의 시기라고들 하지만 나에게는 그보다 조금 더 약한 바람이었고 작은 파도 같은 시기였다. 나는 그 시기를 열심히 살아갔다고 자부한다. 그러나 돌이켜보면 후회가 남지 않는 삶이 세상 어디에 누구에게 있으랴. 작든 크든 후회하는 것은 자연스러운 일이다. 그러나 주저하지 않고 후회를 연료 삼아 힘차게 추진기를 돌릴 줄 아는 사람이 진정 강한 사람인 것이다. 나의 10대는 이렇게 그 막을 내렸다.

인무가인 (1981) 스틸컷

정리의 시대

6.25 전쟁

한국전쟁은 1950년 6월 25일 새벽에 북위 38° 선 전역에 걸쳐 북한군이 불법 남침함으로써 일어난 한반도 전쟁이다.

광복 후 한반도에는 냉전체제 속에서 남북에 별개의 정부가 수립되었다. 이 과정에서 막강한 군사력을 갖춘 북한이 통일을 명분으로 전면적인 남침을 개시했다.

유엔의 결의에 따른 국제사회의 개입으로 역전되던 전황은 다시 중공군의 개입으로 교착상태에 머물다가 1953년 7월 27일 휴전협정이 이루어지면서 전쟁이 중지되었다. 한민족 전체에 큰 손실을 끼쳤고 이후 남북분단이 더욱 고착하여 아직도 휴전 상태가 지속되고 있다.

전쟁 기간 남한과 북한을 합쳐서 약 300만 명 가까이 사망 또는 실종된 것으로 추정되며 미군 사망자도 45,000명에 이르는 등 기간에 비해 사망자가 많다.

출처 : 한국전쟁(韓國戰爭) - 한국민족문화대백과사전

정리의 시대

무술(액션) 영화 변천사 1944 ~ 1963

1940년대 : 이 시기의 무술 영화는 아직 초기 단계에 있었으며, 주로 아시아 지역에서 제작되었습니다. 이 영화들은 전통적인 무술과 전사 문화에 집중했습니다.

1940년대 후반 : 제2차 세계대전 이후 홍콩 영화 산업이 성장하기 시작하며 무술 영화가 점차 발전합니다. 그러나 이 시기의 무술 영화는 아직 전통적이고 극적인 스타일이 주를 이루었습니다.

1950년대 : 홍콩에서 무술 영화가 점차 인기를 얻기 시작합니다. 이 시기의 영화들은 주로 검술과 같은 전통적인 무술에 초점을 맞추고 있었습니다.

1950년대 중반 : 서구 영화에서도 액션 장르가 점차 발전하기 시작합니다. 이 시기의 액션 영화는 대체로 전쟁이나 서부극 장르에 속하는 경우가 많았으며 무술 영화와는 다른 경로를 따랐습니다.

정리의 시대

무술(액션) 영화 변천사 1944 ~ 1963

1950년대 후반 : 홍콩과 대만에서는 왕유와 같은 무술 스타들이 등장하기 시작하며 무술 영화 장르에 새로운 활력을 불어넣었습니다.

1963년 : 이 시기까지도 무술 영화는 주로 아시아에서만 제작되었으며, 서구에서의 인기는 제한적이었습니다.

결론적으로, 1944년부터 1963년까지의 무술 영화는 주로 아시아 지역에서 발전하였고, 전통적인 무술과 문화적 배경에 집중하는 경향이 있었습니다.

서구 영화와는 다른 독특한 발전 경로를 보였으며, 이 시기는 무술 영화가 국제적인 관심을 받기 전의 초기 단계였습니다.

Certified Martial Arts DAN

CERTIFIED MARTIAL ARTS DAN CERTIFICATE™

자격번호 : 23-CMD-10-1-**KOR**
종합무술 : **10** 단
성   명 : **황 정 리**
국   적 : **대한민국**
합격일자 : **2023.12.21**

위 사람은 황정리세계무술총연합회의
유단자임을 증명합니다.

황정리세계무술총연합회
Hwang Jung Lee World Federtation of Martial Arts

President
Hwang Jung Lee

Certified Martial Arts DAN

Surname : HWANG
Given name : JUNG LEE
Grade : CMD 10th DAN
Nationality : Republic of Korea
Certificate Date : 21, DEC. 2023
Cert. Number : 23-CMD-10-1-KOR

You are hereby certified that the federation has granted 10th DAN on this
WORLD FEDERATION OF MARTIAL ARTS

President Hwang Jung Lee

© World Certification Industry Association(WIA). All rights reserved.

[황정리 세계무술총연합회 카드형 무술 단증]

STORY 2. 나의 20대
(1964~1973)

2-1. D.P.	41
2-2. 포레스트 검프	45
2-3. 봄날은 간다	49
2-4. 이미테이션 게임	52
2-5. 그래비티	55
2-6. 트루먼 쇼	57
2-7. 인터스텔라	58
2-8. 영웅	60
2-9. 탑건	64
2-10. 명량	68
2-11. 태극기 휘날리며	70
2-12. 쉰들러 리스트	72
2-13. 007	74
2-14. 어바웃 타임	77
2-15. 트랜스포머	80

2-1. D.P.

　이제 막 성인이 된 나의 청춘은 봄바람이 부는 초록의 계절을 맞이하리라 기대했다. 그러나 내가 실제로 맞이한 것은 건강한 청년들에게 주어진 필연적인 숙명, 바로 대한민국 국방의 의무였다. 이렇게 나의 20대는 초록의 계절과 함께 국방의 의무로 시작된다. 다른 사람들과 조금 특별한 4년 6개월간의 병영 생활을 회상해 본다.

　"너, 분명 군대에서 잘 해낼 거야. 딱 봐도 군대 체질이라니까!"

　입영 전 친구들의 격려를 귀담아듣지 않았지만 '그럴 수도 있겠다. 나는 잘 해낼 것이다.'라고 내심 되뇌었다.

　미지의 세계에 대한 두려움보다는 자신감이 솟아났다. 그러나 논산훈련소에 발을 들이자마자 그 자신감은 너무도 허무하게 무너져 버렸다. 나는 군대 체질이 아니었다.

　훈련소의 생활은 마치 무한한 강 흐름에 몸을 맡긴 듯한 고된 체험이었다. 고된 훈련은 사막의 뜨거운 태양 아래에서 끝없이 걷는 것과 다름없었고 군대의 엄격한 위계질서는 눈높이에 닿지 않는 벽처럼 느껴졌다. 더구나 사회와의 단절은 마치 무인도에 버려진 듯한 외로움과 두려움을 안겨주었다. 정신적으로 지치고, 체력적으로도 한계를 느낄 때마다 힘들다는 생각이 머릿속을 떠나지 않았다.

군대에 가본 경험이 있는 사람이라면 군 훈련을 받아본 사람이라면 알 수 있을 것이다. 그 고된 훈련과 정신적인 압박 그리고 사회와의 단절이 얼마나 힘든지를….

새로운 전략을 세우기로 결심했다. 달리기하면, 항상 1등을 목표로 전력 질주를 하던 나였는데, 맨 앞으로 달리지 않고 체력을 비축하면서 뛰기로 했다. 집합하면 가운데로 줄을 서야 하는 것도 오래지 않아 터득하게 되었다.

어느 날 "파리 다섯 마리를 잡아 오라."는 미션이 떨어졌다. 여기저기를 돌아다니며 파리를 찾기 시작했지만 어디를 가도 파리는 없었다. 심지어 조금 전에 방역이 이루어졌는지 화장실에도 파리는 없었다.

'큰일 났다' 하고 낙심하며 바닥에 앉아 있는데 눈앞을 지나가는 날개를 가진 개미가 있었다. 부처님 말씀의 불살생계(不殺生戒)가 떠올랐지만 나의 생존을 위해서 부득이하게 아이디어가 번쩍 들었다. 나는 그 개미를 잡아 조심스럽게 문지르며, 파리로 변신시키기 위한 마사지를 시작했다. 결국, 개미는 나의 손끝의 마법으로 인해 파리로 변해버렸다. 그리고 나는 미션을 통과했다.

이어서 또 다른 독특한 미션이 우리들에게 주어졌다. "쥐 꼬리를 잘라 오라."는 미션이었다. 풀숲을 뒤져가며 쥐를 찾았지만 쥐 그림자도 찾아 볼 수 없었다.

그렇게 또 낙심할 무렵, 풀 옆에 축 늘어진 칡넝쿨이 눈에 들어왔다. 칡넝쿨의 끝부분에는 보송보송한 털이 붙어있었다. 그 털이 마치 쥐 꼬리와 같아 보였다. 칡넝쿨 끝부분을 잘라서 손으로 문지르기 시작했다. 결정적으로 연탄에 문질러서 완벽한(?) 쥐꼬리를 만들어냈다. 이번에도 미션을 성공적으로 통과했다.

하루하루 훈련을 이어가던 중 마지막 훈련 중 하나인 유격훈련이 시작되었다. 그러나 이번에는 요령을 피우지 않았다. 아니 요령을 피우지 않기로 결심했다.

'내가 최선을 다해 힘들게 해서 딴 사람보다 잘하면 나는 강한 사람이고 그렇지 않으면 난 낙오자다. 나의 인내심과 한계를 여기에서 테스트해 보자!'

나는 솔선수범하는 자세로 온 힘을 다해 유격훈련을 이어갔다.

'어렵고 힘든 일을 먼저 자발적으로 해내면 나는 강한 사람이다. 내가 어려운 일을 해냈기 때문에 다음에는 더 이상 시키지 않을 것이다.'

그리고 유격훈련을 마침과 동시에 나는 모범 훈련병이 되어 있었다.

응조철포삼 (1977) 스틸컷

2-2. 포레스트 검프

　한 동기가 본인의 삼촌이 매우 높은 군 현역이라는 소리를 했다. 그때부터 그와 친하게 지내며, 그의 힘든 일도 함께 나누었다. 그를 통해 좋은 부대로 배치될 수 있을 것 같다는 기대감 때문이었다. 시간이 흘러보니 우리는 진심으로 서로를 돕고 격려하는 친한 동기로 변모하였다. 그리고 연병장에 각 부대 배치를 위해 전원이 한데 모이는 날이 왔다.

　"너는 나하고 같이 가면 돼."

　동기가 삼촌에게 부탁했다고 말했다. 동기의 그 말은 그대로 봄비가 되어 내려와 내 마음의 꽃봉오리를 터트릴 듯이 들렸다. 나는 편안한 마음으로 호명되길 기다렸다. 그런데 기다려도 내 이름이 불리지 않는 것이었다. 내 마음 한구석에서 불안감이 피어오르기 시작했다.

　"제일 마지막에 부르는 게 좋은 부대야!"

　우리는 맨 마지막으로 호명되어 15사단으로 배치되었다. 15사단을 향해 기차를 타고 긴 시간 이동하는데 특이하게도 하루 종일 쫄쫄 굶기더니 목적지에 도착해 밀린 식사 세 끼를 연속해서 주는 것이다. 우리 배는 어느새 발효가 한참 진행된 빵 반죽처럼 빵빵해졌고 터질세라 배를 감싼 채 식식대기 바빴다. 배가 부르고 정신이 없는 동안에도 우리는 어디론가 이동하고 있었다.

이동길에는 제대를 앞둔 병장들도 함께 있었다. 약간의 정보를 얻고 싶어서 병장들에게 15사단이 어떤 곳인지 물어보았다. 누군가는 좋은 곳이라고 또 누군가는 죽었다 생각하라고 말했다.

잠시 후 육공(60) 트럭이 도착했다. 우리는 트럭을 타고 또다시 한참을 어디론가 이동했다. 출렁이는 트럭에 몸을 맡기며 아무 생각 없이 그저 가는 곳을 바라보았다. 그러다가 어느새 누군가의 목소리가 들렸다.

남북취권 (1979) 스틸컷

"여기서부터는 38선이다!"

육공(60)트럭은 38선을 지나고도 한참을 가더니 다시 연병장에 도착했다. 나는 1소대에 배치되어 내무반에 들어갔고 후반기 교육을 받게 되었다. 그 끝에 숙달 시험이 있었는데 나는 조교가 말한 것을 매우 유심히 기억하려고 노력했다. 후반기 교육 마지막 날 내부반 스피커에서

"1등 황정리!"

시험에서 1등으로 호명된 나와 2등, 3등은 중대장실로 불려 들어갔다.

"너희들이 근무하게 되는 곳은 대한민국 최전방이고, 바로 이곳이 제일 추운 곳이다. 자네들의 동기들은 가장 추운 곳에서 3년간 군 생활을 하게 될 것이고 이곳에서 차출이 되면 나와 함께 근무하며 교관이 될 수 있다. 교관을 하고 싶은 사람은 말해봐!"

중대장님의 교관 수락 질문에 2등과 3등은 교관을 하지 않겠다고 했다. 끝으로 나를 바라보는 중대장님에게 주저 없이 대답했다.

"저는 교관이 되겠습니다."

나는 인사계로 가게 되었고 내게 딱 맞는 새로운 군복을 입히더니 바로 일등병 계급장을 군복 상의에 붙여주었다.

잠시 후 더플 백(duffel bag)을 전원 준비해서 오라는 명령에 연병장으로 모두 모였다. 1등, 2등, 3등은 차례로 단상에 올라가 표창장과 함께 10일 동안의 휴가를 받았다. 다른 동기들은 자대배치로 본인들의 부대로 떠나고 난 포상 휴가를 떠났다. 그토록 보고 싶던 그녀를 만나러….

사형도수 (1978) 스틸컷

2-3. 봄날은 간다

바다에서 진주를 발견해 행복한 어부가 된 듯, 갑자기 내게 찾아온 포상 휴가는 나를 들뜨게 하기에 충분했다. 이등병도 아닌 일병의 군복을 입고 휴가를 나올 수 있다니! 그러나 그 들뜬 기분은 서울역에 도착하자마자 금세 가라앉았다. 열차에서 내리는 나를 본 헌병대 중사가 경례하지 않는다며 나를 세웠고 나는 그에게 휴가증을 보여주어야 했다. 나의 휴가증을 살펴보는 그의 눈빛은 차가웠고 잠시 멍하니 서 있는 동안 그는 나의 휴가증을 가지고 사라졌다.

문제는 바로 그 휴가증이 더 이상 내게 없다는 것이었다. 서울역의 헌병초소에 방문해 사정을 설명하고 안내받은 곳을 몇 번이나 찾아갔지만 그 중사님을 찾을 수 없었다.

'화혜복지소의(禍兮福之所倚), 복혜화지소복(福兮禍之所伏)'
'화에는 복이 기대고 있고, 복에는 화가 엎드려 있다.'
- 노자의 〈도덕경〉

길 잃은 아이가 되어 우왕좌왕한 지 반나절이 흐르고 나의 침울한 모습을 본 분이 내가 15사단이란 것을 알고 형이 근무하는 곳과 같다면서 헌병대 임시 휴가증을 제공해 주셨다. 임시 휴가증을 받고 망설임 없이 그녀를 만나러 갔다. 부모님께는 죄송하지만 내 마음은 한결같이 그녀만을 향해 있었다.

드디어 그녀의 집 앞에 도착해 서성거리고 있는데 길 끝에서 그녀의 남동생이 걸어오고 있는 것이 보였다. 누나가 집에 있냐고 물었더니 지금은 집에 없다고 했다. 이어 그녀의 어머니께서 집 안으로 들어오라 하셨다.

그녀의 어머니께 인사를 드리며 집 안으로 들어섰다. 전투화를 가지런히 벗어두고 길게 늘어진 미제 양말 앞부분을 발끝과 맞춰 다시 안쪽으로 똑바로 신었다.

남북취권 (1979) 스틸컷

이 행동은 그녀와의 만남을 위해 어느 것 하나 소홀히 하지 않으려는 마음을 보여주는 내 의지였다.

거실에 앉아 그녀를 볼 수 있을까 하는 설렘에 가슴이 뜨거워졌다. 훈련 기간 내내 그녀만을 떠올린 나였다. 그런 내 가슴에 그녀의 어머니는 바로 찬물을 끼얹으셨다. 그녀는 지난달 이미 다른 사람의 아내가 되어 청주에서 행복하게 아주 잘살고 있다고 말씀하셨다. 바람에 흔들리는 작은 잎사귀도 나만큼은 무력하지 않으리라. 나는 표정을 잃지 않으려 노력했고 정중히 인사드린 뒤 나왔다.

그 길로 고향으로 내려가 부모님께 인사를 드렸다. 설렘과 기대로 가득 차 있던 나의 첫 포상 휴가는 마음을 추스르는 시간이 되었다. 휴가 내내 복잡한 마음을 겨우 달래다가 자대로 복귀했다.

부모님 본가(本家)

2-4. 이미테이션 게임

부대에 복귀하자마자 나는 교관으로 활동했다. 신병들을 대상으로 교육도 하고 시범도 보여주면서 어느새 일병으로 이등병들을 가르치고 있었다.

반복되는 일들이 계속되고 있을 때쯤 부대 한 쪽에 돼지 막사가 보였다. 그런데 계속 살펴보아도 돼지 막사를 관리하는 사병이 없다는 것을 확인하고 편한 부대 생활을 위한 아이디어가 떠올랐다. 중대장님께 찾아가 말씀드렸다.

"중대장님! 돼지 막사를 관리하는 사병은 있습니까?"

"아니, 없는데. 왜 물어보는 거지?"

"제가, 집에서 돈사를 잘 관리했었습니다."

결국 나는 돼지 막사를 관리하는 사병으로 임명되었고, 대부분의 시간을 돼지 막사를 관리하면서 나름 편한 군 생활을 했다. 그런데 나의 편안한 시간은 그리 오래가지 않았다. 어느 날 사단장님과 모르는 분이 함께 나를 찾아오는 일이 있었다.

"자네는 나하고 많은 일을 해야 하는데 협조를 해주게나!"

그분의 말씀은 태권도의 품새에 대해서 연구를 해보라는 것이었다. 인사 기록을 확인하시고 내가 태권도 4단이라는 것을 아셨을 테고 군에서 태권도 4단은 지금도 그렇지만 매우 높은 단이었다. 나는 대답만 우렁차게 하고 미션에 대한 진도는 나가지 못했다.

그 미션을 받았을 때 나는 품새 연구를 해야 한다는데 무슨 내용으로 해야 할지 감이 안 왔다. 그래서 기다리다가 연락이 오면 가서 연구를 해보겠다고 했는데 뭘 연구해야 할지 아무 생각이 없었다. 정말로 어떻게 해야 할지 감이 안 잡혔습니다. 그래서 상담을 받았더니 연구 주제를 정해 보라는 거였다.

그래서 나는 새로운 품새를 만들어 보기로 했다. 그래서 어떤 품새를 새로 만들지, 내가 어떻게 혼자서 무엇을 연구해야 하는지 알 수 없었다. 최소한의 정보가 필요했다. 책도 없고 어떤 정보도 없었지만 혼자서 연구해 보기로 했다. 계속해서 연구를 진행하려고 했지만 연구에는 제목이 필요하다는 것을 깨달았다.

그래서 제목을 넣으면 어떻게 될지 고민하다가 우리나라 영웅들의 이름으로 품새를 만들었다. 천지형, 단군형, 도산형, 퇴계형, 율곡형, 금강형 등을 만들었다. 그리고 각각에 맞게 서류를 작성하고 그 품새를 연구하고 시연했다.

그런데 어느 순간 내가 만들었던 태권도 품새가 대한민국이 아닌, 원치 않는 곳에서 활용되는 것을 알게 되었다.

내가 만들었던 태권도 품새는 공격형이었다. 언제부터인가, 태권도 종주국인 대한민국이 금메달이나 메달권에 못 들어가는 것을 보고 매우 안타깝게 생각한다. 지금보다 조금 더 공격적인 모습의 태권도를 나는 고대하고 있다.

쿵후 킹덤 인터뷰

2-5. 그래비티

"태권도 힘의 원천은 어디에 오는가?"

수많은 사범에게 물었지만 시원한 답을 얻지 못했다. 초등학교 시절 겪었던 경험으로 고민하게 된 그 원의 원심력이 힘의 원천이라고 결론을 내렸다. 원의 원심력, 이것이 바로 무술의 핵심이다. 중국의 무술 영화에서 볼 수 있는 것처럼 원을 그리는 부드러운 움직임은 힘이 없어 보이지만 실은 빠르고 파괴적이다.

어릴 적의 경험을 통해 사람의 몸이 원을 이용하면 굉장한 파괴력을 발휘한다는 것을 깨달았다. 발차기나 손을 이용하는 공격에서 몸이 원을 그리며 틀어지는 순간 그리고 다시 제자리로 돌아오는 순간, 이 모든 움직임이 원의 한 조각을 그리면서 그 원심력이 엄청난 힘을 발휘하는 것이다.

원심력과 무술의 파괴력은 밀접한 관계를 맺는다. 원심력은 회전하는 물체가 회전하는 중심을 중심으로 작용하는 힘의 원리를 말한다. 이 원리를 무술에 적용하면, 파괴적인 힘을 발휘할 수 있다는 것이다.

무술에서 원심력을 활용하면 몸의 중심을 잘 유지하면서 힘을 발산하고, 상대방에게 강력한 타격을 가할 수 있다. 원심력을 이용해 몸을 회전시키면서 힘을 모으고 움직임을 통해 타격을 가하거나 상대방을 밀어내는 등의 공격 기술을 사용할 수 있다.

원심력을 통해 발휘되는 힘은 충분한 에너지와 효과적인 기술의 조합으로 더욱 강화된다. 몸의 움직임과 타이밍, 그리고 힘을 효율적으로 조절하면서 상대방에게 큰 피해를 줄 수 있다. 원심력을 잘 활용하는 무술은 파괴력이 높고 공격적이며 효과적인 방어 기술을 갖춘다.

원심력은 단순히 힘을 발산하는 것뿐만 아니라, 몸의 균형과 조작에도 영향을 주기 때문에 올바른 자세와 기술적인 숙련도가 필요하다. 따라서 무술에서 원심력을 효과적으로 사용하기 위해서는 체력, 근력, 유연성 등을 향상하는 훈련과 기술적인 연습이 필요하다.

결론적으로, 원심력을 활용하는 무술은 파괴력이 뛰어나며 상대방에게 큰 타격을 줄 힘을 갖추고 있다. 이를 위해서는 올바른 자세와 기술적인 숙련도를 함께 갖추어야 한다는 것이다.

2-6. 트루먼 쇼

삼 년에 이르는 군 생활에서 두 달을 남겨두고, 베트남전에 참전하게 되었다. 월남으로 파병되려면 강원도 화천군 간동면 오음리의 '월남 파병 훈련소'로 전출을 가서 4주간의 훈련을 받아야 했다.

어느 날 국방 FM의 '위문열차'라는 프로그램이 '월남 파병 훈련소'에서 열렸다.

"궂은 비 하염없이
쏟아지는 영등포의 밤"

- 가수 故 오기택의 〈영등포의 밤〉

나는 음악적 재능을 발휘해 故 오기택의 '영등포의 밤'을 불렀고 1등의 영광을 차지하게 되었다. 앞으로 다가올 미래를 알지 못한 채 우월감에 잠시 취하기도 했다.

2-7. 인터스텔라

    노래자랑에서 1등을 해서 훈련을 면하게 되었다. 내무반에서 노래 연습을 하고 있는데 아버지가 면회를 오셨다는 소식을 듣고 단걸음에 위병소로 갔다. 아버지는 부대장님과 함께 계셨다.

    "이제 저건 내가 낳았지만 나의 새끼가 아닙니다. 저 아이를 국가에 바쳤으니까 국가가 알아서 해주세요! 제가요. 아버지가 아닙니다. 이제 알아서 하십시오."

    아버지는 파월(派越) 동의서를 작성하면서도 나와 눈을 맞추지 않으셨다. 동의서 작성이 끝난 아버지는 그대로 위병소를 떠나셨다. 나는 그저 떠나는 아버지를 바라볼 수밖에 없었다. 한참을 걸어가시던 아버지가 마침내 고개를 푹 떨구셨다. 아버지의 뒷모습에서 조용한 슬픔이 물결쳐 내게로 밀려왔다. 나는 저 멀리 아버지가 안 보일 때까지 바라보다 위병소 면회실로 돌아갔다.

    나중에 들은 바로는 아버지가 꿈을 꾸셨는데 할아버지가 관을 들고 나타나 형제들에게 한 명씩 차례로 들어가 보라고 하는 것이었다. 내 위의

형들에게는 '너는 아니다. 너는 아니다.' 하시더니 내 차례가 되었을 때는 '니 관이다.'라고 말하셨다는 것이다. 아버지는 죽음을 연상시키는 불운한 꿈을 꾼 데다,

"지금부터는 한동안 연락을 못 드립니다. 그렇게 알고 계시면 나중에 연락드리겠습니다."

얼마 전 내가 집으로 보낸 편지 내용도 심상치가 않았으니 '셋째가 죽게 되는구나!'라고 생각하시고 겸사겸사 면회를 오셨다고 했다.

광동살무사 (1983) 스틸컷

2-8. 영웅

1964년 9월 11일 부산항은 이별의 장으로 가득 차 있었다. 해군 수송함이 부산항의 푸른 물결 위에 우뚝 서 있었고 나는 그 막대한 철의 거인 안에 몸을 실었다. 흰 구름이 걷힌 하늘 아래 부두에는 수많은 환송 인파와 떠나는 장병의 가족들이 태극기를 흔들었고 갑판에는 제복을 입은 장병들이 군모를 흔들었다.

출처: 국가기록원 〈베트남전에 파병되는 맹호부대 환송식〉

"자유통일 위해서 조국을 지키시다
조국의 이름으로 님들은 뽑혔으니
그 이름 맹호부대 맹호부대 용사들아
가시는 곳 월남 땅 하늘은 멀더라도
한결같은 겨레 마음 님의 뒤를 따르리라
한결같은 겨레 마음 님의 뒤를 따르리라…."

- 군가 〈'맹호들은 간다' 1절〉

환송식이 끝나자 배는 선수를 돌리며 남쪽으로 천천히 움직이기 시작했다. 그렇게 부산항을 떠나 베트남을 향해 나아가기 시작한 것이었다.

배를 타고난 이후로는 C-레이션(전투식량)으로 식사가 바뀌었다. 문제는 안 먹던 기름진 음식을 먹어서인지 이동하는 내내 불편한 속을 달래느라 힘들었다.

〈제2차 세계대전부터 사용된 미군의 전투식량인 C-Ration〉

열흘이 지난 후 1964년 9월 22일, 나는 맹호부대 소속 태권도 교관단으로 베트남 하노이 꾸이년(Quy Nhon)에 도착했다. 완전 무장을 한 후 배에서 내려 물이 든 드럼통에 얼굴을 묻고 물을 마셨다가 물갈이로 고생한 기억이 납니다.

첫 훈련을 하는 중에 중령 한 분이 나를 찾아왔다.

"여기 황정리가 누구냐?"

"병장, 황정리! 여기 있습니다."

"교관으로 가야 하니 따라와."

그러자 다른 전우들이 이상한 눈빛으로 바라보았다. 중령님의 명령에 따라 빠르게 더플 백(duffel bag)을 싸고 지프차에 올라탔다. 차는 시내로 들어가 골목길을 지나 베트남 경찰서로 갔다. 그곳에는 텐트가 세 동이 쳐져 있는데, 한 동은 조금 작았고 두 동은 컸다. 그 텐트의 끝에서는 중령님이 누군가와 이야기를 나누고 계셨다. 계속 내 주위를 살펴보는데, 중령님이 안쪽 침대를 쓰라고 하셨다.

그곳에 한진이라는 회사가 주둔하고 수송을 맡고 있었다. 그들은 군부대에 필요한 물자를 실어다 놓는 등 다양한 역할을 하고 있었다. 그리고 한인 회사였기 때문에 한국 음식도 만들었다.

덕분에 그리워하던 한국 음식을 먹을 수 있었다. 그중 김치는 단연 최고였다. 푹 익은 김장 김치처럼 보기만 해도 군침이 싹 돌았다. 끼니를 거르고 왔거니와 그리워하던 한국 음식 앞이라 빨리 먹고 싶다는 생각뿐이었다. 그렇게 한 숟갈 두 숟갈 뜰 때마다, 입안은 마치 춤을 추는 듯 행복했다. 양식으로 인해 생겼던 설사로 허기졌던 배도 부르고 힘도 불끈불끈 솟아나고 새로운 환경에 잘 적응할 수 있겠다는 자신감이 생겼다.

2-9. 탑건

    태권도 교관으로서의 활동은 전쟁 중이어서 어려웠다. 나의 하루는 새벽의 어둠을 벗 삼아 시작되었다. 새벽 네 시에 일어나 개인 운동으로 몸을 풀고 이어지는 집체 운동으로 땀을 흘렸다. 공중 발차기와 품새를 한 시간 정도 한 뒤, 씻고 아침을 먹었다. 30분 정도 휴식을 두고 다시 집합해서 훈련과 교육을 이어갔다. 내가 시범을 보이는 경우가 많았는데 주로 개인 발차기와 품새 등을 교육하며 전우들과 함께 성장해 갔다.

정오가 되면 도복이 땀으로 흠뻑 젖었다. 그럴 때마다 나는 우물가에서 물을 길어와 도복을 입은 채로 물을 부었다. 그때의 그 시원함은 이루 말로 표현할 수 없을 정도였다. 그리고 도복을 빨아서 철조망에 걸어두면, 놀랍게도 금방 말랐다.

점심은 그늘에서 C-레이션(전투식량)을 먹었는데 이젠 익숙해서 음식들이 꽤 맛있었다. 점심시간 후의 낮잠은 반복적인 훈련 속에서의 달콤한 탈출이었다. 한 시간가량 자고 일어나면 중령의 지시에 따라 다음 목적지로 향했다. 베트남 부대로 가는 경우도 있었는데 나는 미군 부대로 들어가게 되었다.

그곳에서 나의 주 임무는 미국 군인들에게 태권도를 가르치는 것이었다.

미군은 키가 크고 근육이 불끈한 건장한 체구를 가지고 있었지만 동양인인 작은 체구를 가진 나에게도 존경의 경례를 하였다. 그럴 때마다 나는 가슴을 펴고 어깨를 으쓱하며, 마음속으로 뿌듯함과 자부심을 느꼈다. 그들 앞에서 나는 한국의 무예를 가르치는 교관이었고 그 자체로 나는 매우 자랑스러웠다.

저녁 식사 후에는 잠시 휴식을 취하고서 개별적인 운동을 시작했다. 자정까지는 온전히 몸과 마음을 단련하는 시간이었다. 하루의 끝에 씻고 침대에 누웠을 때 정말 시원한 기분이 들었다. 그렇게 하루를 열심히 보내고 누우면 깊고 편안한 수면을 청할 수 있었다.

나는 미군들을 가르치는 특권으로 PX(군매점)에서 미군들이 주로 이용하는 제품을 구입할 수 있었다. 당시 사병들에게는 기껏해야 담배나 콜라 등을 살 수 있었던 상황에서, 상상조차 할 수 없는 고급 텔레비전이나, 라디오 등 전자제품들을 일부 구입할 수 있었다.

어느 날 고향의 아버지로부터 편지를 받았다. 그 편지에는 베트남 하노이에 고종사촌인 창락이 형이 있다는 소식이 담겨 있었다. 그 길로 꾸이안 시내로 향했고 사촌 형을 찾는 일은 생각보다 어렵지 않았다.

창락이 형은 한진회사에서 일하다가 베트남 형수를 만나 결혼을 했고 조카도 낳았다. 그 후로는 베트남에 정착해 한인 식당을 운영하게 되었다. 그 덕분에 나는 그리워하던 한식을 돌아오는 날까지 맛있게 먹을 수 있었다. 형과 형수님은 내가 태권도 교관인 것을 동네에 늘 자랑하셨는데 그것은 나에게 큰 자부심이 되어 돌아왔다.

2-10. 명량

　태양은 태권도 훈련장을 뜨겁게 감싸고 있었고 날카로운 호흡 소리가 공기를 가르고 있던 날이었다. 갑작스러운 방문자, 故 채명신 장군님의 등장으로 모든 장교도 평소와는 다르게 긴장 속에서 태권도 교육을 함께 참여하게 되었다. 교육이 어떻게 진행되는지 참관하던 장군님이 앞으로 나오셨다.

"황 병장! 어떻게 교육을 진행하고 있는지 직접 시범을 보여주세요."

"장군님! 그건…."

"나를 장군이라고 생각하지 말고 훈련을 실전과 같이 해야지! 어서~"

"그럼, 장군님! 주춤 서기 자세를 취해 주시기를 바랍니다."

　장군님의 복부에 힘이 들어갔는지 그렇지 않은지 확인해야 하는 상황에서 잠시 후, 주춤새 몸통 찌르기로 장군님의 복부를 가격했다. 장군님은 약간의 움직임도 없이 바로 전의 주춤 자세를 유지하고 계셨다.

순간 주위의 분위기는 한겨울의 얼음판처럼 싸늘해졌다.

그날 오후, 故 채명신 장군님의 호출이 있었다. 나는 장군님 방으로 걸어가 인사를 드린 뒤 앞에 놓인 의자 끝에 엉덩이를 걸치고 팔을 쭉 편 채로 앉았다.

"아까 교육은 정말 잘했네. 자네가 실천처럼 교육을 해주는 게 나라를 위하는 길이라는 것을 명심하게."

"네, 알겠습니다!"

행여나 시범 교육 때 장군님의 배를 실전처럼 타격하여 문책당하는 줄 알고 잔뜩 긴장해서 찾아뵈었는데 그분은 진정한 군인이셨다.

영내에서는 무거운 전투화보다 슬리퍼를 착용하도록 말씀하셨는데 이는 사병들에게 잠시나마 휴식의 시간을 제공하려는 장군님의 따뜻한 배려였다.

故 채명신 장군님은 대한태권도협회 초대 회장과 대한민국 월남전 참전자회 명예회장을 역임하셨다. 또한 故 채명신 장군님은 나 황정리가 존경하는 몇 안 되는 사람 중 한 분으로서, 내 마음속에 깊이 각인되어 남아계신다.

2-11. 태극기 휘날리며

깊은 잠에 빠져 있던 어느 날 밤, 안타까운 사건이 벌어졌다. 한 동기가 부대 밖으로 나가려 했고 또 다른 동기는 그를 막으려 했다. 두 사람 사이의 의견 차이가 심해지면서 그들의 감정은 제동장치가 고장 난 기차가 된 것처럼 제어불능의 상태에 이르렀다.

고조된 감정에 스파크가 일어나며 말다툼으로 불이 번졌다. 결국 그들은 부대 밖으로 나가게 되었고, 상황은 더욱 복잡해졌다. 한 사람은 몽둥이를 들고 다른 사람은 총을 들고 있었는데 계속 다투다가

"빵!"

총을 든 사람이 갑자기 뒤로 물러나며 총을 발사한 것이다.

그 순간 부대 전체가 말소리 없는 충격에 휩싸였다. 몽둥이를 든 사람은 쓰러졌고 다시 일어나려 했지만 힘없이 쓰러졌다. 총을 쏜 사람도 쓰러지면서 우리는 모두 그들이 죽었다고 생각했다.

부대가 발칵 뒤집혔다. 그 후 수일 동안 부대 내 수사가 계속되었고 사람들은 불안한 기분을 지우지 못했다. 다행히 총을 쏜 사람, 총에 맞은 사람 모두 살았다. 총에 맞았다 살아난 전우는 한국으로 돌아와서 지금도 건강하게 활동하고 있다.

"내가 사랑하는 전우들아, 보고 싶다!"

2-12. 쉰들러 리스트

부대 연병장에서는 미군과 한국군뿐만 아니라 베트남 청소년과 성인들에게도 태권도를 가르쳤다. 베트남 역시 형제들끼리도 북과 남으로 나뉘어 있다는 것을 알게 된 것은 그 이후의 일이었다. 또한 우리와 마찬가지로 소학에서 군사부일체(君師父一體)를 따르는 문화가 있는 듯했고 그것은 교육과 훈련을 거듭하며 더욱 명확해졌다.

그러던 어느 날 베트남 성인들로부터 정보를 듣게 되었다. '밤에 부대가 공격을 받을 것'이라는 불길한 소식이었다. 그들은 고맙게도 태권도 스승들인 우리들을 보호하겠다는 결심에 이 정보를 알려준 것이었다. 우리는 참호속에 각종 무장을 하고 숨을 죽이며 밤을 지새웠다. 그러나 그날 밤은 아무 일도 일어나지 않았다.

얼마 후 우리는 또다시 '자정에 부대가 공격을 받을 것'이라는 정보를 들었다. 우리는 믿어 의심치 않았다. 문제는 우리 부대뿐만 아니라 부대 근처의 한진회사까지 공격 대상에 포함되어 있다는 정보였다. 그래서 우리 부대는 한진회사를 방어하는 팀과 부대를 방어하는 팀으로 나뉘었다. 나는 한진회사를 방어하는 팀에 배정되었다. 그곳에서 전역한 민간인들과 임시로 마련된 각 초소에서 2인 1조로 팀을 이루어 공격에 대비해야 했다.

이번에는 정보가 맞았다는 것을 알게 되었다. 밤새도록 총격전이 벌어졌고, 아침이 되어서야 멈췄다. 그 과정에서 민간인 사망자가 발생하였고, 전쟁터 한복판에서 평화를 위해 싸우는 전우들에 대한 존경심이 가슴을 가득 채웠다.

그렇게 나는 한 걸음씩 성장하고 성숙해 갔다. 일반적으로 태권도 교관들은 1년 동안 베트남에서 군 복무를 하지만 나는 공중 발차기 등을 가르칠 수 있었던 후임 교관이 없어서 1년 6개월 동안 군 복무를 계속하였다. 시간이 흐른 뒤 나는 무사히 군 복무를 마치고 대한민국으로 귀국했다.

2-13. 007

겨울 숨결이 아직 머무는 그 시기에 부산으로 향하는 내 발걸음은 가볍게 떨렸다. 전쟁의 그늘을 벗어나 평화의 숨결을 느낄 수 있었다.

보충대에 합류하여 예비사단으로 복귀하기 전 한 달의 휴가를 선물로 받았다. 사촌 누이가 부산에 살고 있어서 매형이 마중을 나와 주었다. 친족들의 따뜻한 환영은 오랜 전투의 여정에서 잃어버렸던 일상의 소중함을 다시 일깨워주었다.

그러나 휴가는 그리 평화롭지 않았다. 베트남의 따스함에 익숙해진 나에게 부산의 차가운 공기는 독감의 고문을 선사했다. 열병에 시달리고 기침으로 고생했다. 감기약을 먹고 몸은 조금씩 회복되었지만 기침은 여전히 나를 괴롭혔다.

그런데도 소중한 휴가를 허비하기 싫어 고향 함양으로 향했다. 1년 6개월 동안의 베트남에서의 경험이 창밖의 풍경과 함께 스쳐 지나갔다. 전쟁의 참혹함과 전우애의 소중함은, 내 내면의 깊은 곳에 각인되어 하루에도 몇 번씩 떠올랐다.

따뜻한 가족의 품에서 보낸 시간은 나에게 삶의 기초를 다시 세우는 시간이 되었다. 거센 폭풍 후에 다시 자리를 잡는 나무처럼 나는 그들의 사랑과 지지 속에서 내면의 평화를 찾았다. 여기저기 동네를 누비며 오랜 친구들과 웃음을 나누고 잊었던 추억의 골목을 거닐었다.

제대하는 날 나는 깔끔하게 차려입고 호텔에 묵었다. 밖에서 밥도 먹고, 차도 마시고, 호텔에 돌아와 잠을 청하는데 누군가 문을 두드렸다. 문을 열어보니 경찰이 나타나 내 신분증을 요구했다.

"무슨 일이세요?"

"신분증 있으세요? 신분증 보여 주세요."

"여기 있습니다. (제대증을 보여주었다)"

"제대 장병입니까?"

"네 그렇습니다."

"예, 이상 없습니다. 그럼 쉬십시오!"

경례를 한 후 돌아가려는 경찰을 다시 불렀다.

"도대체 왜 그러는 건데요?"

"아, 간첩 신고가 들어왔는데, 여기로 들어왔다고 해서 찾았습니다."

검은 정장과 007가방은 그 시대의 오해를 불러일으킬 만한 차림이었다. 경찰의 노크는 내가 얼마나 세상과 동떨어져 있었는지를 일깨워주었다. 간첩 신고가 있다는 그들의 말에 잠시 혼란스러웠지만 제대한 군인으로서의 새로운 정체성을 확인할 수 있었다.

다시 고향 집으로 돌아와 보니 베트남에서 출국 전 보낸 귀국 박스가 나를 기다리고 있었다. 그 안의 물품들을 판매하고, 그렇게 모은 자금 일부를 누이동생의 결혼에 보태고 부모님과 여유로운 시간을 함께 보냈다.

휴가는 내게 두 가지 모습을 보여주었다. 하나는 평화로운 일상의 즐거움이었고, 다른 하나는 전쟁터에 남겨진 전우들에 대한 무거운 마음이었다. 제대 후의 자유는 달콤했지만 전장에 남겨진 이들을 생각하면 책임감의 무게도 함께 느껴졌다. 그렇게 나는 제대의 기쁨과 전우에 대한 그리움 사이에서 새로운 삶을 시작했다.

2-14. 어바웃 타임

    큰 꿈을 품고 서울로 상경했다. 서울은 그런 나를 비웃는 듯 갑작스러운 복통을 안겨주었다. 병원에서는 맹장이라는 진단을 내렸다. 나는 겁이 났다. 수술비를 지불하기에는 너무나 가난한 재정 상태 때문이었다.

    "수술 준비하고 올게요!"

    수술비를 마련할 길이 없어서 숙소로 돌아와 누워만 있었다. 통증은 내 몸을 점점 더 지배하더니, 이튿날 내 몸은 더 이상 내 의지를 따르지 않았다. 허리를 쓰지 못하고 다리를 움직일 수 조차 없었다. 끔찍한 통증에 무너져버린 나는 너무 아파서 소리를 질렀다.

    고통의 절정에 선 내 비명은 이웃의 구조 손길을 불러왔다. 이웃은 나를 부축해 다시 병원의 문턱으로 이끌었다. 병원에서는 맹장이 터져 내장이 엉망이 되었고 내장은 터진 맹장의 오물들이 묻어 부패하고 있었다고 했다. 결국 맹장염으로 병원에 입원하여 수술받았다.

    그 후 회복 과정에서도 통증이 계속되어 다시 병원을 찾았다. 의사는 큰 병원으로 가야 한다고 했지만 지갑 사정이 여의찮았던 터라 큰 병원은 엄두도 못 냈다.

"그냥 여기서 수술하겠습니다."

그렇게 다시 수술받았다. 의사의 지시대로 고단백 음식을 많이 먹고, 강도 높은 운동은 자제하면서 체력을 다시 끌어올리는 데 힘썼다. 건강이 한창 회복되고 있을 때 병원장이 찾아왔다. 그는 내 운동량을 보고 놀라워하며,

"무슨 운동을 그리 많이 하십니까? 운동을 보통 많이 하시는 것이 아닌 것 같습니다."

"네, 운동을 많이 했습니다. 그중 태권도를 오래 했습니다."

"그러면 고단자시겠네요! 그렇다면 태권도 도장을 운영하시면 될 텐데요?"

"저도 그런 생각을 하지만 저는 태권도 도장을 열 만한 재력이 없습니다."

며칠 후 그 병원장이 나를 찾았다. 그는 병원 옆에 있는 공간(지금의 홍제동이다.)에 태권도 도장을 개설할 수 있을 만큼의 자금을 지원해 주겠

다고 제안하였다. 그의 배려는 멀게만 느껴졌던 나의 비전에 날개를 달아주었다.

나는 전우인 김종신을 불러 함께 태권도 도장을 운영하자고 제안했다. 우리의 약속은 단순했다. 현재는 서로에게 월급을 줄 수 없지만 수입이 생기면 정정당당하게 나누자는 것이었다.

봄바람에 피어나는 꽃잎처럼 작은 관심과 배려가 모여 누군가의 삶에 큰 변화를 불러올 수 있다는 것을 나는 내 자서전의 페이지에 깊이 새기고 싶다. 그리고 그 고마운 인연들에 다시 한번 감사의 마음을 전한다.

GKMAF 회원들과 함께

2-15. 트랜스포머

우리는 홍제동에서 태권도 도장을 개관했다. 처음에는 성인만을 대상으로 운영하려고 모집했지만 지원자가 없어 어려움을 겪었다. 그러나 시간이 흐르면서 사람들이 점차 많이 모이기 시작했고 4~6세 유치부 학생들도 받기 시작했다.

유치부 아이들은 태권도 도장에서 배운 것들을 자랑스럽게 부모님에게 보여주고, 그들의 순수한 웃음과 태권도를 통해 깨달은 작은 성취들이 부모님들의 마음을 움직였다. 우리 도장은 그렇게 입소문을 타며 성장했다.

두 번째 도장은 한국경제일보 건물 6층에 위치했다. 기쁨도 잠시 주변이 주로 술집이라는 점과 주민 밀집 지역이 아니라는 점 때문에 다시 한 번 어려움에 직면했다. 태권도를 배우려는 이들의 발길은 뜸했고 고민에 빠졌다. 나는 남산의 리라 초등학교를 찾아가 보기로 했다.

"저는 태권도 관장입니다."

체육 선생님에게 나를 소개하며 학교에 태권도 과목을 제안했으나 선생님은 이미 정해진 과목이 있어 불가능하다고 했다. 그러나 나의 열정은 절대 주저앉지 않았다.

초등학교 학생들을 대상으로 약 한 달간 전단을 나눠주었고, 마침내 아이들의 발길을 우리 도장으로 이끄는 데 성공했다. 하지만 한국경제일보 건물 6층이 다른 용도로 변경되면서 결국 태권도 도장을 닫게 되었다.

삶은 끊임없는 파도와 같다고 하던가! 때론 부드러운 파도가 나를 안아주기도 하고, 때론 거친 파도가 나를 휩쓸기도 한다. 그런 상황에서도 희망을 잃지 않고 항상 전진하려는 의지를 가져야 한다. 그 의지가 있으면 불가능해 보이는 것도 가능하게 만들고 자신을 더욱 성숙하고 강인한 사람으로 성장시키는 계기가 된다.

나 역시 항상 새로운 것을 배우고 도전하는 태도로 삶을 헤쳐 나갔다. 삶의 굴곡을 경험하는 과정에서 더욱 강해지고 지혜로워지는 나를 만났다. 과거의 경험과 시련은 나를 더욱 단단하게 만들었고 내 안에 숨겨진 무한한 가능성을 일깨웠다.

나의 여정은 아직 끝나지 않았다.

정리의 시대

베트남 전쟁

1960년부터 1975년 4월 30일까지 지속된 남베트남 민족해방전선(NFL)과 미국 사이의 제2차 인도차이나 전쟁을 통상 '베트남 전쟁'이라고 부른다.

남베트남 내의 반정부 세력인 남베트남 민족해방전선과 남베트남 정부 사이의 내전(內戰)으로 시작했으나, 1964년 8월 7일 미국이 통킹만 사건을 구실로 북베트남을 폭격한 뒤에 전쟁은 미국과의 전면전으로 확대되었다.

이후 냉전의 대립 속에서 한국을 비롯한 타이, 필리핀, 오스트레일리아, 뉴질랜드, 중국 등이 참전한 국제전으로 전개되었으나, 1968년 구정공세를 계기로 미국은 전쟁의 종결을 검토 하기에 이르렀다.

정전협상을 진행하는 과정에서도 미국은 출구 전략을 모색하기 위해 대규모 북폭을 지속하고 전장을 인도차이나 반도 전역으로 넓혔지만, 끝내 1973년 평화협정 이후 미군을 철수시켰다.

정리의 시대

베트남 전쟁

곧이어 1975년에는 남베트남 정권이 완전히 종결되었고, 이듬해인 1976년에 남북이 통합된 베트남 사회주의 공화국이 출범하였다.

한국의 경우 자국 군대를 파견함으로써 한반도 내에 주둔하고 있는 미군의 규모를 유지하려 했고, 미국의 한국군 감축 노선에 방어하려는 차원에서 한국군의 파병을 추진했다. 무엇보다 파병을 통해 한미 동맹을 강화하고, 미국으로부터 받아낼 수 있는 원조를 확대하는 데 궁극적인 목적이 있었다.

한국은 1964년 9월 의료진을 중심으로 한 비전투요원을 파견한 것을 시작으로 맹호부대와 청룡부대, 백마부대 등 만 8년 6개월 동안 약 32만 5천명이 넘는 병력을 베트남에 파병했다.

출처 : 베트남전쟁 - 우리역사넷

정리의 시대

무술(액션) 영화 변천사 1964 ~ 1973

1964년 : 이 시기는 홍콩 무술 영화의 초기 발전기로, 전통적인 무술과 드라마가 결합된 형식이 주를 이룹니다.

1960년대 중반 : 홍콩 영화 산업이 번창하면서 '왕유(Wang Yu)'와 같은 초기 무술 영화 스타들이 등장합니다.

1966년 : '당산대형(The Big Boss)'이 개봉하며 이소룡(Bruce Lee)이 주목받기 시작합니다. 그의 등장은 무술 영화 장르에 혁명적인 변화를 가져옵니다.

1970년대 초기 : 이소룡은 '정무문(Fist of Fury)', '용쟁호투(Enter the Dragon)' 등을 통해 국제적인 스타로 부상하며 무술 영화의 인기를 전 세계적으로 확산시킵니다.

1972년 : '정무문(Fist of Fury)'의 개봉은 전 세계적으로 무술 영화에 대한 관심을 촉발시키며 장르의 대중화를 이끕니다.

정리의 시대

무술(액션) 영화 변천사 1964 ~ 1973

1973년 : 이소룡의 사망은 전 세계적으로 큰 충격을 주며, 그의 유산과 영향력이 무술 영화 장르에 지속적으로 반영됩니다.

1970년대 중반 : 이소룡 이후 홍콩 영화 산업은 새로운 무술 영화 스타를 찾기 시작합니다. 오우삼(John Woo), 오사원(Ng See-Yeun)과 같은 감독들이 등장하며 무술 영화에 새로운 스타일을 도입합니다.

이 시기는 무술 영화가 단순한 전통 무술에서 현대적인 액션영화로 발전하는 중요한 시기로 특히 이소령의 영향력이 큰 변화를 가져왔습니다.

이소령은 무술 영화를 단순한 엔터테인먼트 이상으로 끌어올리며 장르에 대한 전 세계적인 관심과 인기를 불러일으켰습니다.

정리의 아카이브

STORY 3. 나의 30대
(1974~1983)

3-1. 미생   91
3-2. 아바타   93
3-3. 인셉션   95
3-4. 미션 임파서블   100
3-5. 언터처블   103
3-6. 취권   106
3-7. 슬럼독 밀리어네어   114
3-8. 첨밀밀   117
3-9. 러브 액츄얼리   122
3-10. 조커   125
3-11. 사망탑   127
3-12. 취권무   130
3-13. 아이 앰 샘   133

3-1. 미생

때로는 청춘의 끝 때로는 새로운 시작의 출발점 서른이라는 나이는 마치 삶의 한복판에서 잠시 숨을 고르는 듯한 시간이었다.

"점점 더 멀어져 간다.
머물러 있는 청춘인 줄 알았는데."

- 가수 故 김광석의 〈서른 즈음에〉

서른이라는 나이에 울려 퍼지는 노래 가사의, 화자 체념과 후회가 한 데 섞인 탄식에 공감한다. 청춘의 무대 위에 영원히 머무를 것만 같았던 그 시절, 그러나 무심한 시간에 청춘의 뒷모습을 보여주며 잔혹하게도 그것이 단지 순간의 빛이었음을….

영원할 것만 같았던 청춘이 사실 나도 모르는 사이에 지는 것이 세상의 이치다. 그렇기 때문에 흔히들 '한 살이라도 젊을 때 무언가를 일구어 놓아야 한다.'고 말한다. 그러나 요즘 젊은이들에게는 그러한 말이 자칫 라떼(:Latte is horse)처럼 가볍게 들릴지도 모른다.

나의 20대 청춘은 군복을 벗고 사회생활의 첫발을 내디디며, 보이지 않는 아쉬움과 도전의 연속이었다. 그리고 나의 30대는 청춘의 끝과 새로운 시작의 경계에 서 있는 이야기로 채워져 있다.

3-2. 아바타

　1973년 그 해, 서울 화장실의 한 켠에서 영화 첫 번째 챕터가 시작된다. 나는 신문을 읽던 중 우연히 액션 영화 출연자를 모집하는 광고를 발견했다. 곽정환 사장이 이끄는 합동영화사에서 배우를 찾고 있다는 소식에 심장이 두근거렸다. 나는 스타 액션배우를 꿈꾸며 오디션에 참가하기로 결심했다.

　오디션 당일 노량진 체육관은 약 70명의 참가자로 북적였다. 각자의 차례마다 개인의 특기를 선보였다. 내 차례는 일곱 번째였다. 나의 발 차기는 공기를 가르며 힘차게 하늘로 뻗었고 그 순간 곽정환 사장과 故 이두용 감독의 눈빛이 변했다. 그들의 눈 속에서 의심이 사라지고 확신의 빛이 보였다.

　그날 유일하게 나만이 합격했다. 오디션에서 1순위로 선택되어 기대했던 주연이 되길 바랐지만 현실은 단역 배우였다. 마치 금메달을 딴 챔피언이 관중석으로 물러나듯이 실망이 가득한 마음이 가득 차버렸다.

　그들이 나를 무시하는 것 같아 홍콩으로 가버릴까도 생각했다. 그러나 그런 생각은 실제로 실현될 수 있는 것이 아니었다. 결국, 나는 합동영화사에 남기로 결정했다. 이 선택은 나의 경력에 큰 전환점이 되었다.

남권북퇴 (1976) 실버폭스 스틸컷

돌아온 외다리 (1974) 영화 포스터

3-3. 인셉션

    얼마 지나지 않아 홍콩의 오사원 감독이 한국의 땅을 밟았다. 그는 홍콩을 대표하는 쇼브라더스(Shaw Brothers) 제작사의 조감독으로 활동하고 있었는데 자신의 입봉작을 고민하던 차에 영화 '남권북퇴'(1976)를 한국 배우들과 함께 만들고자 했다.

    한국 배우들을 물색하던 오사원 감독의 시선이 故 이두용 감독의 '돌아온 외다리'(1974)의 스틸 사진 속 한 백발 도사에게 고정되었다. 갓 쓰고 도포를 두른 하얀 수염의 백발 도사로 그 영화 딱 한 장면에 출연했던 나였다. 오사원 감독의 "이 사람을 찾아달라!"는 명령이 떨어졌다.

    첫 한홍 합작영화 출연을 마친 후 사람들은 나를 '괴물'이라 칭송했다. 기존의 영화와는 다른 새로운 형식의 액션을 선보였기 때문이었다. 대부분의 중국 영화에 고전적 쿵후 액션의 경극 스타일 액션 배우들과는 대조적으로, 손으로만 보여주던 여러 기술 심지어는 금나술(擒拿術)이라 하여 잡아 비틀어야 하는 격투 기술까지 발과 다리로 승부를 걸었고, 당시 나의 액션은 관객들에게 큰 충격을 안겨주었다.

이러한 경험과 도전을 통해 액션 배우로서의 자신만의 색깔을 찾아나 갔다. 매번 영화 제작에 참여할 때마다 주연 배우들만큼이나 화려한 발동작을 선보였다. 그리고 내가 출연한 영화들은 연이어 대성공을 거뒀다. 이때부터 나의 무술 팬들이 실버폭스(Silver Fox : 은여우)라는 애칭을 붙여주기 시작했다. [실버폭스는 '남권북퇴'(1976)에서 비롯되었다.]

대만으로 향한 나는 '남권북퇴 투금호'(1977)에 출연했고, 이 영화는 대만에서 큰 성공을 거두었다.

남권북퇴 영화 포스터   남권북퇴 투금호 영화 포스터

나의 팬덤은 기하급수적으로 늘어났다.(최근 연구보고서에 따르면 나의 팬은 전 세계적으로 7억5천만명으로 보고되었다.)

이후 '신퇴철선공'(1977) 촬영도 연달아 대만에서 이루어졌다. 대만에는 젊은 깡패들이 많았는데, 그들은 일본도를 손에 들고 오토바이를 타며 위협적인 모습을 보였다. 그들은 영화 촬영 장소에까지 찾아와 돈을 요구하고, 그 요구를 들어주지 않으면 촬영 기구를 파괴하거나 혼란을 일으키는 등 문제를 일으켰다.

이에 제작부는 위협적인 상황에 대처하기 위해 차량에 기관총을 거치해 방어 태세를 취하기로 했다. 당시 대만에서는 총기류를 소지하는 것이 가능했기 때문에, 이러한 대응이 가능했다. 그 결과, 젊은 깡패들은 더 이상 촬영 장소에 나타나지 않았다. 저항을 통해 위기를 극복하며, 영화 촬영은 성공적으로 마무리될 수 있었다.

그때의 나는 영화계에서 아홉 개의 별 중 하나로서 명성을 떨쳤다. 여러 영화사가 나를 스카우트하려 했지만, 나는 오사원 감독의 승인 없이는 다른 영화사 작품에 출연하지 않았고, 출연료도 그가 관리하게 했다.

홍콩에 있을 때 오사원 감독의 어머님이 위독하셔서 병문안을 갔을 때, 어머님이 나와 오사원 감독의 손을 잡고, 둘이 의형제처럼 지내라고 하셨다. 우리는 그 일이 있은 후부터 더욱더 서로를 신뢰할뿐더러 지금까지 깊은 우정과 의리를 지킬 줄 아는 씨옹디(兄弟:의형제)였다.

나의 열정은 쉼 없이 타오르고 있었다. 매일 새벽 4시에 일어나 홍콩의 리벌스 베이에서 한 시간 이상을 발차기 연습에만 몰두했다. 그 후 새벽 바다의 파도 소리를 음악 삼아 해변의 백사장에서 또 한 시간가량 발차기를 연습했다. 연습이 끝나면, 햄버거 하나로 아침을 때우고 촬영장으로 향하는 것이 일상이었다.

 화려한 톱스타로 성장하며 새로운 영화를 찍을 때마다 전 세계 무술인들에게 새롭게 개발한 발차기 기술을 선보였다. 내 목표는 내 발차기가 전 세계의 교본이 되어, 팬들이 내 영화를 보면서 발차기를 연습하게 하는 것이었다.

발차기 교본-하이 임팩트 킥 기술 (1982) DVD

나의 꿈은 현실이 되었다. 전 세계 수많은 팬이 내 스타일을 모방하기 시작했다. 나는 더욱더 발차기를 완벽하게 소화할 수 있도록 연습에 몰두했고, 그 과정에서 발차기에 대한 나만의 독특하고 효과적인 스타일을 탄생시켰다. 그동안의 노력이 결실을 보자, 유명 브랜드사들이 나를 찾아와 그들의 상품을 홍보하고 나에게 맞춤 의상을 제공했다.

나는 '아라미스'라는 특별한 향수를 사용했다. 그것은 고가의 제품은 아니었지만, 내가 사용함으로 인해 나 황정리와 동일시되는 향이 되었다. 어디를 가든 나만의 향이 나를 따라갔고, 그 향을 맡은 사람들은 내가 왔다 갔음을 알 수 있었다.

흉종 (1982) 스틸컷

3-4. 미션 임파서블

"어떻게 하면 내가 참여한 영화에 불을 지필 수 있을까?"

홍콩 영화계는 이미 수많은 별로 가득 차 있었다. 그들은 각자의 무대에서 빛나며 관중들의 환호를 받고 있었다. 나는 '남권북퇴'(1976) 촬영을 마치고 나서, 영화 홍보에 대해 심오한 고민에 잠겼다. 나는 조금 다른 방식으로 무대를 밟고 싶었다. 오사원 감독에게 기자들을 불러 모아 달라고 했다.

"누구든 좋으니까 다 덤벼도 좋다. 단 3분 안에 끝내주겠다."

내가 기자회견을 통해 내뱉은 발언은 폭풍이 되어 홍콩 전역을 뒤흔들었다. 홍콩 신문 지면을 장식한 내 발언을 보고 홍콩의 쿵후 사범들을 비롯해서 정말 다양한 도전자가 매일 5~60명씩 사무실을 찾아왔다. 하지만 결투는 바로 이뤄지지 못했다. 현실적인 문제에 봉착했기 때문이었다.

이야기에 따르면, 결투는 현행 법률과의 충돌 가능성이 있거니와 홍콩 경찰이 사무실 근처에 늘 상주해 있어서 그들의 법망에서 벗어날 수 없다는 게 문제였다. 결국 나는 한 가지 아이디어를 냈다. 근처 영화 세트장에서 영화 촬영을 하는 척하며 그곳에서 결투를 진행하자는 것이었다.

결투 시에는 상대방의 허점을 찾는 데 집중했다. 눈 깜빡임, 호흡의 정지, 몸의 미묘한 움직임에서 오는 정지의 순간이 승리의 키 포인트라는 것을 늘 몸에 익혀왔다. 결정적인 순간마다 앞차기로 상대의 턱을 정확하게 타격해 쓰러뜨렸다.

도전자를 이겨내니 이후 벌어지는 대서특필이 되면서, 영화 홍보에 예상치 못한 효과를 가져다주었다. 나의 인지도는 폭발적으로 상승하였고, 영화계에서 러브콜이 쏟아졌다.

그러다 나를 찾아온 한 무리의 사람들이 분노와 의문을 가득 안고 물었다.

"왜 쿵후를 무시하는 겁니까?"

"저는 쿵후를 무시한 적 없습니다. 단지 누구든 이라 말했을 뿐입니다."

상황은 전혀 예상치 못한 방향으로 전개되었다.

"당신을 쿵후 협회 정식 사부로 인정하겠습니다."

나의 영화 홍보를 위한 '미션 임파서블'은 성공적으로 마무리되었다. 이제 나는 홍콩의 밤하늘을 수놓는 또 다른 별이 되어, 영화의 세계를 더욱 빛나게 할 준비가 되어 있었다. 나의 발차기는 스크린을 넘어, 실제의 세계에서도 전설이 되어가고 있었다.

남권북퇴 (1976) 영화 포스터

3-5. 언터처블

어느 날, 대만의 흑사회(黑社會)들이 나를 불렀다. 감독은 나를 걱정해

"조용해질 때까지 한국으로 귀국해 있다가 조용해지면 다시 와라"

나는 젊은 패기로 정면 돌파하기로 결심했다. 나는 대만의 깡패 소굴로 직접 찾아갔다. T자형 테이블에 앉은 두목처럼 생긴 인물의 눈에서는 레이저 빛이 뿜어져 나왔다. 나는 그에게 맞서며 양말을 벗어던졌다. 한 깡패가 나에게 다가와

"양말을 왜 벗는 거냐?"

"너희들이 나를 죽이려고 부른 것 아니냐? 액션을 취하면 빨리 도망가려고 양말을 벗었다"

고 대답했다. 그들은 크게 웃었다.

그들은 나와 싸울 의도가 전혀 없었다. 오히려 그들은 나와 친구가 되고

싶어 했고 형제 관계를 맺고 싶어 했다. 깡패 두목이 의형제를 맺자고 제안했을 때 나는 잠시 생각한 끝에 승낙했다. 중국 문화에서 의형제를 맺는다는 것은 술 한 그릇씩을 마시며 의리를 다지는 것을 의미했다.

비록 술을 잘 마시지 못하지만, 그들이 내민 모든 술을 굳은 시선을 유지하며 받아 마셨다. 그리고 빈 그릇을 뒤집어 머리 위에 들고 흔들며, 그들의 존경과 환대를 받았다.

그렇게 나는 그들과 의형제가 되었고, 그 후로 그들은 외국의 깡패들이 방문할 때마다 나를 불렀다. 이는 나에게 새로운 역할을 부여했고, 나의 삶에 다른 차원의 경험을 더했다.

그러던 어느 날, 외국에서 온 깡패들이 나를 보고 말했다.

"새로 온 놈인가 보네? 눈빛이 장난 아니야."

나는 그들에게 대답했다.

"나는 한국 사람입니다."

그들은 놀란 듯 물었다.

"아, 그렇습니까? 그런데 어떻게 여기에 계시죠?"

"저도 여러분과 같은 이유로 여기에 있습니다."

그리고 나는 그들에게 내 명함을 건넸다. 그들은 한국에 오면 꼭 연락하라고 했다. 이러한 만남은 나의 삶에 또 다른 색을 더해주었고, 나는 다양한 사람들과의 만남을 통해 더욱 풍부한 경험을 쌓게 되었다.

▲ John Liu, producer Hsia Fan, director Ng See-Yuen, Gai Yuen and Hwang Jung-Lee

3-6. 취권

홍콩의 거리를 수놓은 도시의 불빛들이 내 발걸음을 환하게 비추던 날이었다. 집으로 향하던 중, 길바닥에서 술에 취해 누워있는 사람을 발견했다. 그의 무력해진 몸짓 사이로 나에게 무언가를 전하려는 의지가 느껴졌다.

"Chinese Kung Fu….."

그의 입에서 말라붙은 목소리가 흘러나왔다. 그를 그냥 지나치면서, '한국에서처럼 여기에도 술에 취한 사람이 있구나!'라는 생각을 했다. 그러나 나의 본능은 무언가 특별한 것을 감지한 듯, 나를 그의 앞으로 다시 이끌었다.

그가 술에 취해 흐트러진 자세로 움직이는 것은 어떤 무술의 형태를 닮아 있었다. 그의 몸짓은 마치 낙엽이 바람에 흩날리는 듯 자연스러웠고, 특정한 선을 따라 움직이는 것이었다. 그래서 유심히 봤더니 동작 하나하나가 선이 굉장히 강하고 무술에 입각한 동작이었다. 술에 취해 휘청거리는 그의 동작이 장난스러우면서도 중국 무술에 접목할 수 있는 잠재력이 보였다.

집으로 돌아와서는 거울 앞에서 그의 동작을 모방해 보며, 밤낮으로 술잔을 들고 연습을 시작했다. 물이 담긴 술잔을 높이 들고, 그 물이 흘러넘치지 않도록 연습하며 새로운 폼을 창조해 나갔다.

나의 술에 취한 무술이 어느 정도 완성되자 오사원에게 이 아이디어를 가져가 영화로 만들어 보자고 제안했다. 처음에는 감독의 반응이 미온적이었지만 내가 만든 술에 취한 무술을 보여주자 그의 표정이 싹 바뀌었다.

그리고 나는 이 영화의 글로벌 진출을 염두하면서 "영어에 유창하고 유연한 성격과 코믹한 면모를 가진 사람이 나의 상대역을 맡았으면 좋겠어." 그렇게 나의 아이디어는 받아 들여졌고 곧 영화 촬영을 위한 준비에 들어갔다. 우리는 바다 건너 미국에서 활동하는 한국 배우 중에서 영어를 할 수 있는 사람을 중심으로 물색했다.

취권 (1978) 스틸컷

제일 먼저 미국에서 무술영화 배우로 활약중인 바비킴(본명: 김웅경)을 불렀다. 오사원은 바비킴에게 발차기 시연을 해보라고 하였는데, 그의 발차기를 마음에 들어 하지 않았다. 감독이 조연 제안을 했지만, 바비킴은 주연이 아니면 싫다고 거절했다.

두 번째로 배우 강대위를 불렀다. 하지만 그의 발차기 역시 감독의 기준에 부합하지 못했다. 오사원에게 웬만하면 안 되겠느냐고 물어보니,

"황정리 너의 발차기만 보다가 저 친구들의 발차기를 보니, 내가 눈이 높아졌나 봐!"

감독의 말에 더 이상 나는 할 말이 없었다.

용의 발톱 (1979) 스틸컷

세 번째로는 배역에 적합한 대만 배우를 찾았는데, 여권으로 인해 약속 시간에 올 수가 없다고 하여 취소되었다. 상대역을 선정하는 과정에서 여러 차례의 실패가 있던 중 나는 눈여겨보고 있던 엑스트라 배우를 떠올렸다.

"예전에 영화 사형도수를 찍을 때 봤었던 배우가 있다. 약간 코믹하고 코가 복코인 배우였는데 괜찮아 보이니 한 번 불러보자."

네 번째는 엑스트라 배우 성룡을 불렀다. 성룡을 직접 보니 마음에 더 들었다. 나는 오사원에게 성룡에게 주연을 맡기고 내가 악역을 맡으면 잘될 것 같다고 제안하였다.

사형도수 (1978) 영화 포스터

그렇게 영화 촬영을 시작했다. 우리는 코믹 액션을 많이 넣었고, 촬영 중간중간 스태프들도 영화 장면에 푹 빠져 배꼽 빠지게 웃기 바빴다. 우리는 영화가 상영되고 나면 큰 히트를 할 것이라 예상했다. 촬영하는 우리조차 재미있어 했으니 관객들도 분명 재미있어할 것이라고 확신한 것이다.

촬영 당시 에피소드가 있었는데 합을 맞추던 도중 성룡의 앞니가 빠지는 사건이었다. 내가 발차기 하는데 성룡이 미처 피하지를 못해 앞니가 빠져 버린 것이다. 바닥은 모래 반, 흙 반이었고 빠진 앞니는 모래에 묻혀 찾지 못했다.

사형도수 (1978) 스틸컷

그렇게 성룡은 앞니가 빠져 웃거나 말하면 까맣게 보였다. 옆에 있던 소품 담당자가 가만히 쳐다보더니, 땅콩을 앞니처럼 깎아서 성룡의 앞니 빠진 부분에 끼워 넣어 줬다. 물론 원래의 이와 색이 다르긴 했지만, 까맣게 된 것보다는 훨씬 나았다.

　그때는 액션 장면 촬영 중 상대를 다치게 해도 변상해 주는 일은 없었다. 그런 일이 발생해도 모두가 순수하게 연기에 몰입하고 있었으며 고의로 상대를 다치게 한 것이 아니라는 생각에 변상하지 않기로 하는 것이다.

　실제로 액션 장면 합을 맞출 때는 상대방을 진짜로 때리지 않고, 동작을 절도 있게 보이면서도 힘 있게 멈춰 상대를 다치지 않게 하는 것이 원칙이다.

회의실은 영화 제목을 놓고 수많은 아이디어가 오가며 끊임없이 토론하는 열기로 가득 차 있었다. 나는 외부 미팅으로 나갈 일이 있어 토론에 함께하지 못했다. 미팅에서 돌아와 보니 여전히 명쾌한 결론에 이르지 못하고 논의가 이어지고 있었다.

　영화 제목은 결국 영화가 전하고자 하는 메시지를 반영된다. 꾸준한 연습을 통해 술에 취한 듯한 무술을 몸에 익히고 그를 통해 삶을 헤쳐나가는 주인공 쿵후 그 자체를 담았으면서도 관객이 웃음에 취해 볼 수 있는 영화란 걸 나타내고 싶었다.

취권 (1978) 스틸컷

"뭐, 그렇게 고민할 필요가 있나요? 술에 취해 무술을 하는 건데, 취권(醉拳)이라고 하면 되지."

나의 제안에 모두가 손뼉을 치며 환호했다. 그렇게 나의 아이디어로 시작해 제작되었고, 나의 아이디어로 제목이 지어진 영화 '취권'(1978)이 탄생하게 되었다.

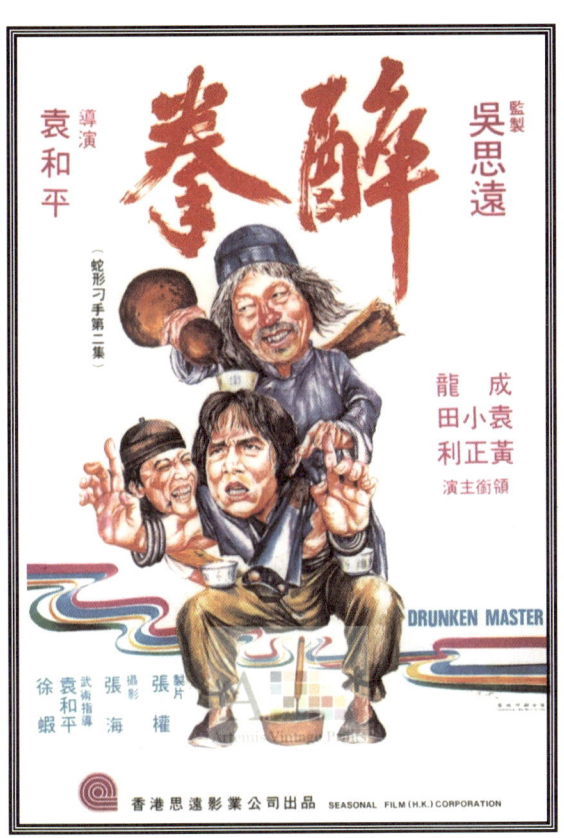

취권 (1978) 영화 포스터

3-7. 슬럼독 밀리어네어

나는 오사원에게 한국에서도 '취권' 영화를 판매해 보자고 제안했다. 오사원은 이 영화를 3만 불에 팔자고 했지만, 나는 그 가격이 너무 싸다고 생각해 5만 불에 팔자고 제안했다. 영화가 완성되었을 때 나는 한국에서도 이 영화가 큰 인기를 끌 것이라고 확신했다.

영화를 찍고 나서 각 나라에 영화를 팔았는데 어느 날 대만에서 전화가 왔다. 무슨 일이냐고 물어봤더니 지금 영화 취권을 상영하고 있는데 관객이 너무 많아 극장이 미어터진다고 하였다. 그리고 싱가포르에서도 전화가 왔다. 싱가포르 극장에서도 관객이 미어진다고 행복한 비명을 질렀다.

영화 취권은 홍콩을 비롯해 전 세계적으로 대 히트를 쳤다. 홍콩에서도 난리가 났다.

그러나 한국의 여러 영화사에 '취권'을 제안했을 때 모두가 거절했다. 그들은 한국에서 그런 종류의 영화가 인기를 얻지 못할 것으로 생각했다. 이에 실망한 나는 오사원에게 이 소식을 전했고, 오사원은 직접 영화를 팔기로 했다.

동아 수출의 이우석 씨가 '취권' 영화를 구매할지 망설이는 도중 나는 그에게 10만 불에 팔자고 제안했다. 이우석 씨는 처음에는 망설였지만, 앞으로의 영화 사업을 생각하며 결국 10만 불에 계약을 체결했다. 그러나 그의 혜안은 적중했다.

영화는 구매한 사람은 거대한 흥행 성공을 맛보았고, 이전에 '취권' 영화 구매를 거절했던 다른 영화사들은 그 결정을 깊이 후회하며 가슴앓이 했다. 그들은 두 눈으로 직접 흥행의 기회를 놓친 것을 목격했다. '취권'은 해당 극장에서 1년 동안 상영되었고, 엄청난 수익을 창출했다.

이러한 성공에 힘입어 '취권 2'가 제작되었고, 그 제목은 '남북취권'(1979) 이었다. 이후 한국의 영화사들은 서로 중국 영화 구매 경쟁에 뛰어들었다. '동협'이라는 회사에서는 협상을 위해 사람을 보내왔고, 나에게는 1,000만 원의 계약금을 보냈다. 이 돈은 영화 계약을 위한 선금이었다.

그러나 그 계약금을 주고 난 뒤에도, 동협에서는 영화를 가져가지 않았다. 결국, 나는 영화 '남북취권'(1979)을 합동영화사에 팔았다. 이 과정에서 나는 영화 사업의 다양한 양상을 목격하고, 영화 산업의 복잡한 협상과 계약 과정을 경험하게 되었다.

3-8. 첨밀밀

  외국 생활을 오래 하다 보니 한국 음식이 자주 그리워지곤 했다. 그래서 그리운 모국의 향기를 추구하고자 한국식 식당을 자주 찾아가곤 했다. 나에게는 그곳이 작은 휴식처이자 고향으로의 작은 여행이었다. 그곳에서는 한국에서 건너온 유학생들의 모습을 쉽게 볼 수 있었다. 그들의 눈에는 모국의 그리움과 함께 새로운 세상에 대한 반짝이는 호기심으로 가득 차 있었다.

  그날은 평범한 하루었다. 식당의 사장님이 나에게 다가와 물었다.

  "여대생들과 합석해도 되겠습니까?"

  나는 잠시 놀랐지만 제안을 즉시 받아들였다. 사장님은 나를 그 여학생들에게 소개해 주었다. 그들의 시선이 저에게로 향하며, 친근하고 환영하는 미소로 나를 맞이했다. 한국 여학생들과의 만남으로 인해 고향에 가까워진 것 같은 기분까지 느꼈다.

  "나는 한국에서 온 무술 영화배우로, 여기에 영화를 찍으려고 왔습니다. 그러니 무술 영화에 관심이 있다면 물어보세요. 영화에 대한 어떤 질문이라도 환영합니다."

그리고 여학생들과 영화에 대한 열띤 대화가 펼쳐졌다.

밥상을 둘러싸고, 떠들썩한 대화 속에서, 한 여학생이 나의 시선을 사로잡았다. 나는 조금 더 이야기를 나누고 싶은 마음에 데이트를 제안했다.

우리는 몇 번의 데이트를 했고, 그럴 때마다 여학생의 친구가 항상 함께했다. 처음에는 그저 여학생의 친구라고 생각했지만, 시간이 지나면서 내 마음은 조용히 그녀 쪽으로 기울었다. 그녀의 웃음소리는 청아한 여름 바람 같았고, 그녀의 생각과 태도는 가을 숲을 걷는 듯한 평온함을 주었다. 그녀의 모든 것이 내 마음을 사로잡았다.

그녀와 단둘이서 만나기로 했다. 겨울 첫눈이 내릴 때의 설렘으로 가득한 시간이었다. 그녀와 함께 식사하며, 따뜻한 차를 마시면서, 놀랍게도 그녀의 삼촌이 유명한 영화감독이라는 사실을 알게 되었다.

더욱이 그 감독은 나와 함께 작업한 이력이 있었다. 이는 우리의 관계가 단순한 인연을 넘어서 운명적이라는 느낌을 들게 했다.

며칠 후, 그 감독은 영화 촬영을 위해 대만을 방문했다. 그는 나에게 연락을 주었고, 자주 만나게 되었다. 나는 그를 '안 기사'라고 부르고, 그는 나를 '황 스타'라고 호칭했다.

이러한 특별한 인연 덕분에 그 친구와 더 가까워질 수 있었다. 어느새 그녀는 봄비처럼 내 마음을 따뜻하게 해 주었고, 그녀가 내 마음을 알아차렸을 때 우리 관계는 빠르게 연인 관계로 발전하고 있었다.

대만에서의 영화 촬영이 끝난 후, 홍콩으로 돌아와 그녀를 초대했다. 하지만 그녀는 여권을 잃어버려 홍콩에 올 수 없다는 소식을 전했다. 나는 그녀에게 대사관으로 가서 나에게 연락하라고 조언했다. 다음날 그녀는 대사관에 도착하여 나에게 전화를 걸었다.

"저는 무술 영화배우 황정리입니다. 현재 저는 홍콩에 있습니다. 홍콩에서 그녀와 약혼식을 해야 하는데, 여권 없이도 홍콩에 갈 방법을 알려주십시오."

대사관에 상황을 설명한 끝에, 그녀는 여행증을 발급받아 홍콩으로 올 수 있었다. 홍콩 공항에서도 여권이 없는 점을 지적 하였지만, 남자 친구와 약혼하기 위해 왔다고 하니 공항 직원들이 즉시 승인해 주었다.

나는 홍콩 공항에 도착한 그녀를 반갑게 맞이하였다. 그녀와 함께하는 홍콩의 거리는 컬러필름에 물든 듯, 새로운 색깔로 가득 찼다. 우리는 서로의 존재만으로도 충만한 시간을 보냈다.

그러던 어느 날, 잡지 속 웨딩드레스를 바라보는 그녀의 눈빛에서, 나는 그녀의 마음 깊은 곳에 숨겨진 소망을 읽을 수 있었다. 그녀의 소망은, 곧 나의 소망이기도 했다.

다음 날, 시내를 거닐던 그녀의 발길이 웨딩드레스 숍 쇼윈도 앞에서 멈춰 섰다. 바라보지만 말고 들어가서 드레스를 맞추자고 했다. 그리고 그 웨딩드레스 숍에서 나는 그녀에게 프러포즈했다.

"우리 결혼합시다."

결혼식 날짜를 잡고, 부모님들을 홍콩으로 초대했다. 그러나 비자 발급에 문제가 생겨, 양가 부모님들이 자리하지 못한채 마리나 호텔에서 결혼식을 치렀다. 부모님의 축복과 웃음소리가 함께하지 못 한 점은 아쉬움으로 남았다. 하지만 그럼에도 불구하고, 우리는 넘치게 행복했다.

우리는 정식으로 부부가 되었다. 홍콩에서의 신혼집을 꾸미며, 우리는 진정 서로의 삶을 나눌 동반자가 되었다는 것을 체감했다.

홍콩에서는 결혼식을 올리면 구청에 혼인신고를 하게 되며, 한국의 호적처럼 이름과 주소가 등록된다. 흥미롭게도, 두 사람의 결혼 소식이 구청에 한 달 동안 게시하게 된다.

홍콩의 관례에 따라 우리 역시 구청에서 서로 다른 사람과의 연애 경험이 없음을 확인하고 이를 서명하였다. 이는 우리가 사회적으로도, 정서적으로도, 법적으로도 서로에게 전적으로 헌신할 준비가 되었음을 확증하는 과정이었다.

'일평생 나의 그녀를 나의 삶 속에서 더욱 존경하고 아끼고 사랑하리라.'

3-9. 러브 액츄얼리

영화 '신퇴철선공'(1977)은 무더운 여름 날씨 속에서 촬영이 진행되었다. 그때의 날씨는 그저 덥다는 표현으로는 표현할 수 없을 만큼 혹독했다. 한낮의 뜨거운 사막을 헤집어나가는 것 딱 그만큼이었다. 그런 더위 속에서의 무술 영화 촬영은 육체적으로도 정신적으로도 도전적인 일이었다.

신퇴철선공 (1977) 영화 포스터

특히 분장 복을 입고 촬영할 때는, 땀이 비 오듯 쏟아졌다. 이렇게 흘러내리는 땀방울들은 분장복을 젖게 했고, 잦은 분장 복은 더욱 무거워져서 나를 짓눌렀다. 그러나 그런 험난한 사막에서도, 나에게는 아름다운 오아시스 그녀가 있었다.

힘들어하는 내 모습을 보고 있던 아내는 타월로 만든 조끼를 건네주며, 분장복 속에 입도록 했다. 그 타월 조끼는 내 몸에서 뿜어져 나오는 땀을 흡수하는 데 놀라울 정도로 효과적이었다. 아내는 나의 가장 강력한 지원군이었다. 항상 촬영이 순조롭게 진행되길 바라며, 나를 세심하게 살펴봐 주었다.

촬영이 진행되는 동안 감독은 물론이고, 모든 스태프도 내 아내의 반응에 주목하고 있었다. 공식적으로 감독이 존재했지만, 실제로는 아내가 각 장면의 통과 여부를 결정했다는 것이 사실이다. 아내가 만족하는 결과를 얻을 때까지 'OK' 신호를 기다리며, 그 신호가 보이는 순간 모두가 환호하면서 그 장면을 통과시켰다.

그러나 아내가 만족하지 못하고 눈살을 찌푸리는 순간, 장면을 다시 찍어야 하는 분위기가 자연스럽게 조성되었다. 마치 현장의 감독처럼 작업을 이끌었다. 아내의 정확한 판단과 주관적인 감각이 촬영 현장을 주도하였고, 아내의 결정은 모든 스태프에게 존중받았다.

때로는 아내의 까다로운 지적으로 인해 여러 번의 재촬영을 반복해야 했으며, 그 과정은 매우 힘들었다. 하지만 그 고충을 이겨내고 나면, 전보다 훨씬 더 생생하고 감동적인 완성도 높은 장면들이 탄생할 수 있었다. 이렇게 아내는 단순히 배우의 부인에서 더 나아가 현장에서 중요한 역할을 수행하는 두 번째 감독이 되어 있었다.

아내는 나의 연기와 삶에 절대적인 영향을 끼쳤다. 아내의 섬세한 감각과 깊은 이해력은 내가 캐릭터를 더 잘 이해하고, 그들의 감정을 더 잘 표현할 수 있도록 도와주었다. 또한 끊임없는 관심과 격려, 고요하고도 따뜻한 지지, 그리고 진심 어린 조언 덕분에 나는 배우로서의 역량을 키울 수 있었고, 더 나아가 인간으로서의 성장을 이룰 수 있었다.

아내는 내게 연기의 깊은 의미를 깨닫게 해주었고, 그것은 나의 연기에 큰 변화를 불러왔다. 아내의 사랑과 지원이 없었다면 나는 이런 발전을 이루지 못했을 것이다. 아내의 존재 덕분에 나는 배우로서, 또한 인간으로서 성장할 수 있었고, 삶의 참된 가치와 아름다움까지 깨달았다.

그래서 나는 나의 아내에게 감사하다.

3-10. 조커

따뜻한 햇살이 호텔 방을 적당히 비추었지만, 그 빛은 방 한쪽에 쌓인 화폐 더미에 가려져 조금씩만 들어왔다. 그것은 대만 TV 2시간짜리 특별 프로그램의 출연료를 100원짜리 현찰로 받아 호텔 방 한구석에 쌓아둔 것이었다.

당시에는 100원짜리가 가장 큰 화폐였지만, 그런데도 산처럼 쌓여 방을 가득 채웠다. 덕분에 방에는 돈 냄새가 진동하고 있었는데 바쁜 일정으로 인해 그것을 쓸 시간조차 없는 상황이었다.

홍콩으로 돌아와 영화 '용호문'(1979)에서 악역을 맡게 되었다. 나는 망설임 없이 악역을 맡았는데 그 이유는 간단했다. 악역의 존재는 영화의 전체적인 분위기를 결정짓고 관객에게 재미를 주는 갈등 구조를 만드는 데 있어 악역의 역할이 주인공의 역할보다 더 중요하다는 생각이 들었다.

그리고 무엇보다도, 악역을 맡으면 촬영 시간이 짧아지고 수익성이 높아진다는 점이 매력적이었다. 주연을 맡을 경우, 영화 촬영이 끝날 때까지 매일 촬영장에 나와야 했지만 악역은 단 10일만 촬영하면 되었다.

악역으로서의 나는 주인공을 괴롭히며, 그들에게 필사적인 도전을 던지곤 했다. 그 끝에 주인공에게 역전을 당하게 되면서 관객들에게는 짜릿하고 통쾌한 해소감을 선사했다. 그 해소감은 관객들의 마음속에서 오랜 시간 메아리치곤 했다.

선한 역할을 맡을 때에는 대체로 소박한 옷차림과 평범한 일상을 그리곤 했지만 악역을 맡을 때에는 화려한 의상을 입고 아름다운 장소에서 파티를 즐기는 모습으로 관객들 앞에 비쳤다. 나는 악역의 화려함을 좋아했다.

악역을 맡으면 짧은 시간 동안 큰 수익을 올릴 수 있었으며 그로 인해 다른 작품에 참여할 기회도 더욱 많아졌다. 나는 타국에서 배우 생활을 하며 더욱더 많은 수익을 올리고 싶었다. 그것은 단순히 돈을 탐하는 것이 아니라 그 돈을 통해 더 많은 경험을 쌓고, 더 많은 사람에게 내 연기를 보여주고, 더 나은 작품에 참여하고 싶은 나의 열망이었다.

그렇게 홍콩과 대만을 끊임없이 오가며 새로운 경험을 쌓아갔다. 그 경험은 서로 다른 두 문화와 사람들에 대한 이해를 넓혀주었고, 내가 연기하는 캐릭터에 다양성을 더해주는 소중한 자산이 되었다. 그리고 그 모든 것이 나를 더욱 성장시키는 토양이 되어 나를 더욱 강인한 영화인으로 만들어주었다.

3-11. 사망탑

홍콩의 번화한 중심부는 마치 빛나는 금맥이 된 듯, 무술 영화를 만드는 이들이 모여든 그 불규칙한 도시의 심장부는 금이 들어찬 광산처럼 활기를 띠고 있었다. 현대의 넓고 세심하게 디자인된 세트장과는 다르게, 그때의 홍콩은 영화 제작에 더욱 유기적인 접근 방식을 취했다. 그 도시 자체가 캔버스였고, 그 도시의 거리와 골목은 영화적 걸작을 위한 즉석 무대로 변모했다. 감독의 비전이 그 장소와 공명한다면 그것은 도시의 순수하고 여과되지 않은 본질이 스며들어, 다음 액션 시퀀스의 배경이 되었다.

이러한 야외무대는 우연한 만남을 가능하게 하여 더욱 특별한 순간을 만들어냈다. 영화의 클라이맥스 장면을 촬영하던 그때를 생생하게 기억한다. 나의 획기적인 새로운 발차기를 선보이자 근처의 스태프들은 그 광경에 충격을 받아 멈추어 섰다. 그들은 무술 영화의 새로운 판이 펼쳐지는 것을 보기 위해 우리 세트장 주변에 점점 모여들었다. 그 제한된 공간은 그들의 기대감으로 가득 차기 시작했다.

그곳에서는 이 시대의 스타인, 이연걸과 견자단의 모습을 쉽게 엿볼 수 있었다. 그러나 그 당시 나와 그들 사이에 교차되는 접점은 없었다. 왜냐

하면 당시 그들은 영화계에서 새로운 틈새시장을 개척하는 신예로서 활동하고 있었기 때문이었다.

수많은 얼굴 중에서도 내 기억에 가장 뚜렷이 남는 사람은 홍금보였다. 그는 열정으로 불타는 영혼을 가진 사람이었고, 그가 빚낸 장면마다 그의 공예에 대한 헌신을 느낄 수 있었다. 그와 나는 다수의 영화에서 공동 작업을 했는데, 치열한 전투 장면이 끝난 후의 그 우리 사이의 솔직한 순간들이 아직도 기억에 선명하다.

그는 피곤함과 호기심이 섞인 눈빛으로 나에게 다가와 "몇 살이세요?"라고 물었다. 영화 제작의 혼잡함 속에서 그런 질문은 그의 진지한 마음과는 달리 가벼운 마음으로 제기됐다. 그러나 곧 함께 한 시간 동안 겉으로 보기에는 수월해 보이는 내 평정심을 그가 암묵적으로 인정하고 있다는 것을 깨닫고 미소를 지으며 대답했다.

당시, 전설적인 인물인 배우 故 이소룡 배우가 우리 촬영장을 방문했던 적이 있었다. 그의 등장은 마치 돌풍이 불어온 것처럼 그날의 분위기를 완전히 바꾸었다. 그는 영화에 함께 출연할 기회를 제안하는 초대장을 보내왔고, 그의 말은 위대함에 대한 무언의 약속처럼 공중에 오래도록 맴돌았다. 그의 제안에 나는 기쁜 마음으로 답했지만 운명은 다른 방향으로 흘러갔다. 그의 갑작스러운 하차 소식은 충격적이었고, 그로 인해 영화 '사망탑'(1981)을 비롯한 프로젝트는 꿈으로만 남게 되었다.

시간이 흘러 결국 故 이소룡 배우가 남긴 프로젝트를 완성하기 위해 오사원감독이 개입하게 됐다. 그렇게 나는 고인이 된 그와의 약속을 지킬 수 있었다. 각 테이크, 각 모션은 그의 기억에 대한 경의였으며 홍콩 무술영화의 역동적이고 끊임없는 변화 속에서 공유한, 꿈과 열망의 덧없는 순간에 형성된, 깨지지 않는 유대에 대한 증거였다.

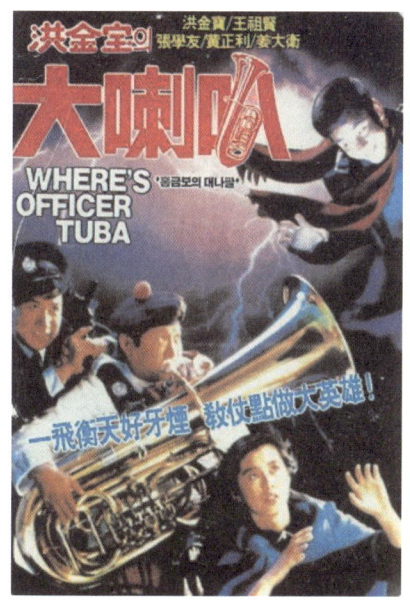 

대나팔 (1986) 영화 포스터   사망탑 (1981) 영화 포스터

30대 끝자락에 이르러 나는 진정한 의미에서 강인한 영화인으로 성장해 있었다. 그것은 단순히 연기력만을 의미하는 것이 아니라 다양한 경험을 통해 얻은 통찰력과 이해력 그리고 그 어떤 어려움도 극복할 수 있는 강인한 정신력을 가진 배우를 의미한다.

3-12. 취권무

앞서 에피소드 '닥터 스트레인지'과 '그래비티'에서 소개한 원의 원심력을 이해하고 그것을 바탕으로 나의 무술을 정립하려 노력했다. 원의 원심력을 이용하여 내가 정립한 무술을 '취권무(醉拳武)'로 명명하였다.

'취권무'는 공격과 방어에서 모두 유연함과 강력함을 동시에 발휘할 수 있어야 하는 무술이다. 그 원리는 다음과 같다.

원심력의 활용 : 원심력은 회전하는 물체가 중심에서 멀어지려는 경향을 가진다. 이 무술에서는 몸의 회전을 통해 공격 또는 방어 동작을 강화한다. 예를 들어, 회전하는 동안 팔이나 다리를 뻗으면 원심력으로 인해 타격력을 향상한다.

이렇게 생각해 보면 된다. 팔이나 다리로 공격할 때, 쭉 뻗어서 타격하는 게 아니라, 타격 후 바로 제자리로 돌아온다고 생각해 보자. 일직선으로 갔다가 오는 것도, 원을 그리면서 돌아오게 된다. 타격을 한 후, 상대방의 신체 내에서는 파동이 일어나 충격을 받게 된다.

유연성과 균형 : 원의 움직임은 자연스러우면서도 유연해야 한다. 이

는 상대의 공격을 흘려보내거나, 상대의 힘을 이용해 역으로 공격하는 데 유리하다. 원형의 움직임은 상대방의 공격을 회피하고, 동시에 반격의 기회를 제공한다.

나는 오랜 시간 새벽에 일어나 물속에서 유연성을 길렀고 모래사장에서 균형 감각을 유지하기 위해 수련했다. 그래서 영화마다 다른 발차기 모습을 보여주고 관객들에게 신선함을 주도록 노력했다. 단순한 볼거리가 제공이 아니라 내가 터득한 것이 스크린에 자연스럽게 나오게 되었다.

나의 발차기는 순간 탄력으로 원의 원심력의 원리에 따라 어떤 각도에서도 발차기가 가능하다. 뛰어 옆차기, 삼단 차기, 삼단 옆차기, 삼단 뛰어 발차기, 뛰어 한 발 이어 차기, 뛰어 삼단 이어 돌려차기, 뒤 후리기 등이 그 예이다.

용호문 (1979) 스틸컷

호흡과 집중 : 이 무술은 호흡과 몸의 움직임이 일치해야 효과적이다. 깊은 호흡을 통해 몸의 중심을 잡고, 원형의 움직임에 맞춰 에너지를 집중시키는 것이 중요하다.

상대를 공격할 수 있는 포인트가 있다. 하나는 눈을 감았다 떴을 때 찰나의 순간, 하나는 숨을 들이시고, 내쉴 때 전환되어 멈추게 되는 순간, 상대방이 이동할 때 멈추게 되는 순간. 상대방의 움직임과 눈, 호흡을 살펴보아 그 세 접점이 만나는 그 순간이 가장 공격하기에, 그리고 상대방에게 위협적인 순간이 된다. 세 개 중의 하나만 일치해도 상상 이상의 파괴력을 갖게 된다.

뇌권 (1983) 영화 스틸컷

3-13. 아이 앰 샘

30대 끝자락에 이르러, 나는 진정한 의미에서 강인한 영화인으로 성장해 있었다. 그것은 단순히 연기력만을 의미하는 것이 아니라, 다양한 경험을 통해 얻은 통찰력과 이해력, 그리고 그 어떤 어려움도 극복할 수 있는 강인한 정신력을 가진 배우를 의미한다.

'죽는 날까지 하늘을 우러러
한 점 부끄럼이 없기를,
잎새에 이는 바람에도
나는 괴로워했다.
별을 노래하는 마음으로
모든 죽어가는 것을 사랑해야지
그리고 나한테 주어진 길을
걸어가야겠다.

오늘밤에도 별이 바람에 스치운다.'

- 故 윤동주 시인의 〈서시〉

나의 30대 시절을 한 마디로 묘사하라면 감히 말할 수 있을 것 같다.

'정도'는 바른길, 올바른 방법을 가리키는 말이다. 나는 그 길을 따라 걸었으며, 그 방법으로 살아갔다. 윤동주 시인이 고백했던, '서시'의 첫 부분처럼, '하늘을 우러러 한 점 부끄럼이 없이' 30대 시절을 보냈다.

내가 당할지언정, 조금 손해를 볼지언정, 다른 사람에게 피해를 주지 않았고, 다른 사람의 눈물로써 나의 주머니를 채우지 않았다. 어떤 시각으로 보면 '바보'라는 말의 들을 법하게 묵묵히 최선을 다해 살아갔다. 내가 걸어온 발자취가 누군가의 얼굴에 미소를 띨 수 있는 삶을 살려고 노력했다.

나의 흔적이 이 세상에 남지 않아도 괜찮다. 그저 나를 통해 힘을 얻는 이들이 많아진다는 사실만으로도, 나는 만족한다. 나의 삶이 그런 존재가 될 수 있다면, 그것으로 충분하다. 그것이 바로 나의 '정도'이다.

사형도수 (1978) 영화 스틸컷

정리의 시대

무술(액션) 영화 변천사 1974 ~ 1983

1974년 : '이소룡(Bruce Lee)'의 사후, 그의 유산과 영향력이 무술 영화 장르에 지속적으로 반영됩니다.

1970년대 중반 : 홍콩 영화 산업은 이소룡의 부재를 메우기 위해 새로운 무술 영화 스타를 찾기 시작합니다.

1978년 : '사형도수(Snake in the Eagle's Shadow)'와 '취권(Drunken Master)'이 개봉하며 '성룡(Jackie Chan)'과 '황정리(Hwang Jung-Lee)'가 새로운 무술 영화 스타로 부상합니다.

1980년대 초기 : 홍콩 무술 영화는 코미디 요소와 혁신적인 액션 시퀀스를 결합하며 새로운 방향을 제시합니다.

1981년 : '레이더스 (Raiders of the Lost Ark)'가 개봉하며 서구 액션 영화에 무술 요소가 통합됩니다.

정리의 시대

무술(액션) 영화 변천사 1974 ~ 1983

1974년 : 황정리는 '돌아온 외다리(Returned a Single-legged Man)' 출연을 계기로 무술 영화계 거장의 역사를 쓰기 시작했다.

1980년대 초반 : 무술 영화는 복수와 정의를 주제로 하는 전통적인 이야기에서 벗어나 다양한 스토리라인을 시도합니다.

1983년 : '뇌권(5 Pattern Dragon Claws)' 영화에서 황정리가 「오금 목 걸어 뛰어 발차기」를 선보여 전 세계 무술 영화 팬들을 열광시켰다. 홍콩과 헐리우드의 무술 영화 사이의 경계가 점차 희미해지며, 서구 영화에도 무술 요소가 자연스럽게 통합됩니다.

이 시기는 무술 영화가 단순한 격투 장면을 넘어 스토리텔링, 캐릭터 개발, 그리고 혁신적인 액션 기법을 포함하는 방향으로 발전하는 중요한 시기였습니다.

또한, 서구와 아시아 간의 문화적 교류가 무술 영화 장르에 큰 영향을 미쳤습니다.

정리의 아카이브

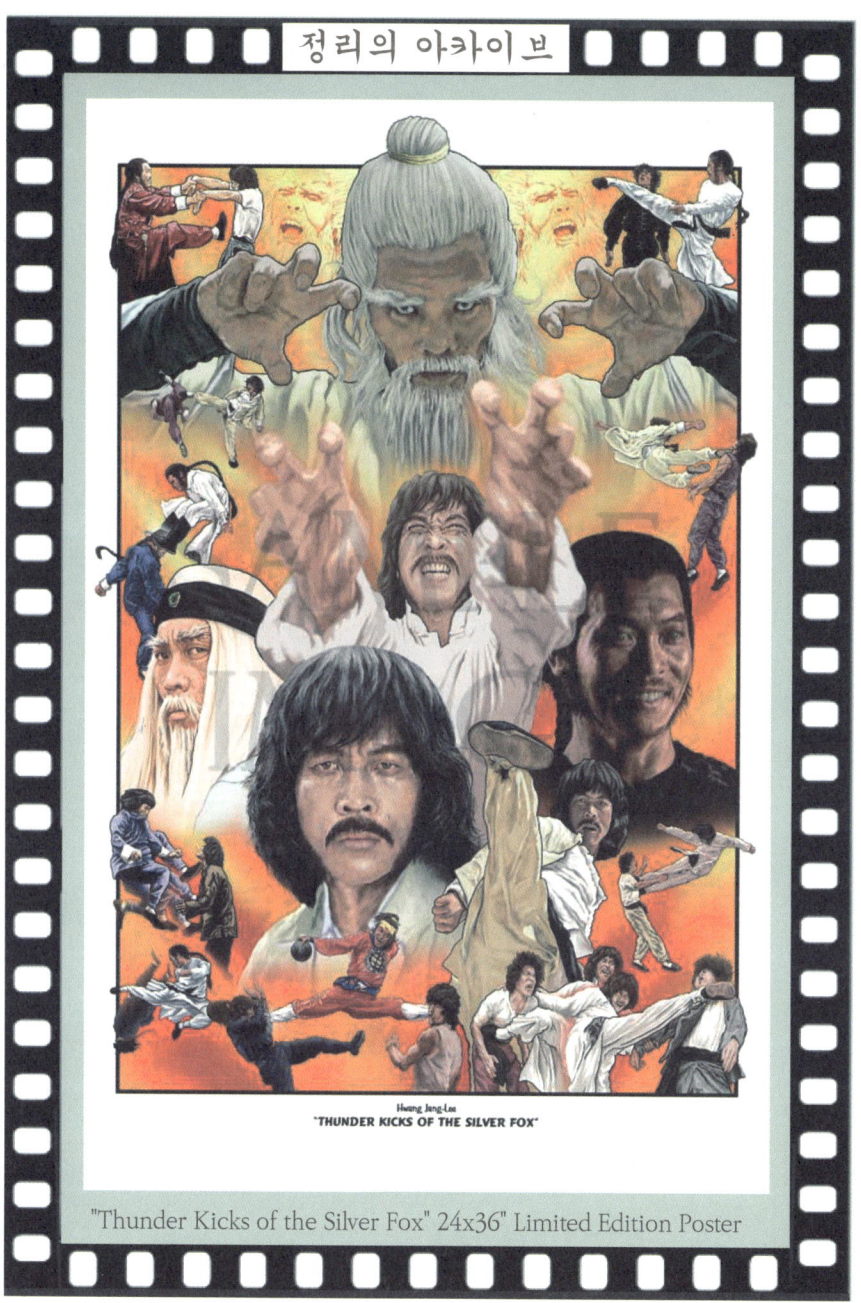

"Thunder Kicks of the Silver Fox" 24x36" Limited Edition Poster

삼안공부 (1977) 영화 포스터

정리의 아카이브

남북취권 (1979) 영화 포스터

STORY 4.　나의 40대
(1984~1993)

4-1. 하울의 움직이는 성　　　　　143

4-2. 폴리스 스토리　　　　　　　145

4-3. 킹스맨　　　　　　　　　　147

4-4. 쇼생크 탈출　　　　　　　　150

4-5. 와호장룡　　　　　　　　　152

4-6. 영광의 깃발　　　　　　　　154

4-7. 님아, 그 강을 건너지 마오　157

4-8. 대부　　　　　　　　　　　159

4-9. 영웅본색　　　　　　　　　162

4-10. 센과 치이로의 행방불명　　166

4-11. 신세계　　　　　　　　　　172

4-12. 신과함께　　　　　　　　　175

4-1. 하울의 움직이는 성

　회복력의 조용한 힘을 깨달았다. 물결이 모래알을 세심하게 다듬어 나가듯 자신의 정신을 어떻게 형성하는지 마침내 그 과정을 이해하기 시작했다. 성공이란 꼭 정복해야 할 하늘 높은 산의 정상이 아니라 산세를 따라 오르내리는 여정이며 각각의 등반이 이 이전보다 여정을 더욱 풍요롭게 만든다는 것을 배웠다.

　인생의 가장 풍요로운 순간들은 종종 눈에 띄지 않게 조심스럽게 숨겨져 간직되기를 기다리고 있다는 것을 알게 되었다. 나는 야망과 만족 사이의 균형을 맞추는 섬세한 기술을 배우며 두 가지 모두가 잘 사는 삶을 위해 필요하다는 것을 깨달았다. 시간의 덧없음을 깨닫고 더 크게 웃었고, 더 자유롭게 울었으며 더 깊이 사랑할 수 있었다.

　내가 저지른 실수들은 예상치 못한 멘토가 되어 성장과 자기 발견의 복잡한 미로를 헤쳐 나가도록 인도해 주었다. 지혜가 종종 속삭임과 멈춤 속에서 찾아온다는 것을 깨달았다. 그래서 귀 기울이는 법을 배우게 되었고 그것이 나의 가장 큰 성취가 되었다.

건강은 새로운 의미를 갖게 되었다. 거울에 비친 자기 모습보다는 움직임의 즐거움과 영혼의 영양에 더 중점을 두었다. 두려움이 없는 순간에서 용기를 찾았고, 두려움에 직면하며 변화 하겠다는 매일의 결정에서 용기를 찾았다. 이는 나를 더 강하게, 더 지혜롭게 만들어 주었고 나의 인생을 더 풍요롭게 만들어주었다.

감사로 가득한 마음과 경험에서 오는 풍요로운 마음 그리고 앞으로의 모험에 대한 열망을 가지고 나의 40대를 맞이했다. 나의 40대는 과거의 교훈과 미래의 희망으로 꿈을 그리는 성찰의 캔버스를 그려나가는 이야기다.

남권북퇴 투금호 (1977) 스틸컷

4-2. 폴리스 스토리

오랜 기간 홍콩에 머물며 영화 촬영의 바쁜 스케줄과 한국에서 찾아오는 지인들의 방문 또한 더욱 나를 바쁘게 만들었다. 한 번은 청도관 소속의 故 어민규 사범과 이동섭 사범이 나를 찾아왔다. 그들은 홍콩에서 무언가를 이루고자 하는 강한 의지를 비쳤다. 나는 마카오로의 여정을 제안했다.

우리는 마카오 경찰청에 방문해서 마카오 경찰관들에게 태권도의 중요성을 이야기했다. 태권도는 단순히 싸움의 기술이 아니라 범죄자를 검거하고 예방하는 데에도 큰 도움이 될 것이라고 강조했다.

광동살무사 (1983) 스틸컷

결국 동행한 이동섭 사범이 마카오 경찰들에게 태권도를 가르치는 역할을 맡게 되었다. 결과는 눈부시게 빛났고 그는 그곳에서 영웅 대접을 받게 되었다. 그의 모습을 보며 나는 내가 선택한 길이 가볍지 않았음을 내가 걷고 있는 이 길이 얼마나 의미 있는지를 깨달았다.

SLPeet 인터뷰

4-3. 킹스맨

　대한민국에서 많은 사람들이 나를 찾아왔다. 그들의 요청은 대부분 성룡을 소개해달라는 것이었다. 한국 사람들이 홍콩에 와서 이미 성장한 나 황정리를 찾지 않고 외국인 성룡을 찾는다는 것에 나는 고개를 저었다. 성룡을 안내해 달라고 하는 그들에게 "난 뭐냐?"라고 반문을 한 적이 너무나 많았다.

　매너는 사람의 행동과 태도를 꾸미는 것이며, 본질적으로 상대를 배려하는 마음가짐을 의미한다고 생각한다. 매너가 부족한 사람들은 때로 무례함을 드러내곤 한다. 그들은 그것이 악의가 있는 것은 아니니 문제라고 생각하지 않는 것을 보며 매너의 중요성을 깨닫게 되었다.

　그래서 어느 날부터인가, 냉정하게 대응하기로 결심했다.

　"그런 일이라면 날 찾지 마세요. 나는 그런 일에 시간을 낭비할 수 없습니다."

　그런데도 나의 천성 때문인지 그렇게 찾아온 한국 사람들에게 밥을 사주고, 술을 사주고, 때로는 쇼핑까지 해주었다.

심지어 원 웨이 티켓으로 홍콩에 온 한국인에게는 비행기 티켓까지 끊어서 보냈다. 형태는 다르지만 그냥 보내버린 사람은 없었다.

그러나 사람들은 그런 나의 행동을 고마워하지 않았다. 영화계에서도 그렇고, 무술계에서도 그렇고, 사람들이 고마움을 모르는 듯했다.

아마도 그들은 '홍콩에서 돈을 벌었으니, 국민들에게 돌려줘야지.'라는 사고방식을 가진 사람들이었을 것이다.

나의 영역에서 성공하기 위해, 많은 싸움을 치르고, 목숨을 걸기도 하고, 별짓 다 해서 이 자리에 올라왔다. 그랬으니 사람들에게 잘해주고 잘 보내고 나면 마음속에는 상처만 남았다.

그런 나의 모습을 보며 아내는 항상 이렇게 말했다.

"영화에서만 악역을 했지, 왜 현실에서는 그렇게 사람들을 챙겨주기만 하는 거예요?"

아내가 맞는 말만 해서 마음이 너무 아팠다. 나는 성공했지만 사람들을 함부로 대한 적이 없었기에 그런 말에 마음이 더 아팠다.

4-4. 쇼생크 탈출

'성공의 기회는 1만 시간의 노력이 만든다!'

유년 시절, 베트남 전쟁, 태권도 관장, 그리고 홍콩에서의 영화배우 시절 등 나는 운동에 1만 시간 이상의 노력을 투자하여 그 열매를 맛보았다.

홍콩에의 나날들은 새벽 4시에 일어나 약 2시간 이상 발차기 연습으로 시작되었다. 연습이 끝나고 나면 촬영 대기 장소로 출발했다. 도착해 잠깐 눈을 감고 있으면 내 얼굴은 분장이 다 되어 있었고 잠시 서 있다 보면, 내 몸은 칭칭 감긴 의상으로 감싸져 있었다. 등에서는 땀이 줄줄 흘렀고 그 땀은 몸을 타고 종아리까지 내려갔다. 종아리까지 올라오는 장화 같은 신발을 신었는데 신발 위까지 땀이 차오르는 것은 어느새 익숙해진지 오래였다.

물 대신 집에서 가져온 냉동 과일로 목마름을 달랬고 점심 도시락은 밥과 닭고기, 돼지고기볶음 한두 점이 끝이었다. 저녁에는 특별한 약속이 없다면 체력이 완전히 방전된 채로 잠에 빠진 날이 허다했다.

그럼에도 불구하고, 영화 촬영은 거의 NG 없이 진행되었다. 무술감독과 배우들이 합을 맞추는 과정을 보고 외우는 것이었다. 나의 연습에 대해 걱정하는 감독님과 스태프들에게는 "걱정하지 마세요. 다 외웠어요."라며 안심시키고, 원신원킬로 촬영을 완성했다.

나는 와이어나 CG, 컷 편집과 대역을 사용하지 않았다. 와이어를 흔히 사용하는데 이 와이어는 오히려 무게 중심이 흔들려 정확한 자세나 타격 지점을 표현하는 데 방해가 되었다. 나는 대역 없는 배우로 알려져 있었다.

4-5. 와호장룡

영화 '예스마담 3-중화전사'(1987)의 촬영 당시 주인공인 배우 양자경과 함께 화면을 채웠었다. 그녀는 영화에 대해 굉장한 열정을 가지고 있었다. 내가 그러하듯, 양자경 역시 스턴트 없이 액션을 소화해 내는 몇 안 되는 여자 액션배우였다.

말을 타야 하는 신이 있었는데 양자경은 단순히 말을 타는 생각을 넘어 그 신을 더욱 역동적으로 살리려는 생각으로, 큰 말을 타고 연습했다. 그녀의 생각에 따르면, 큰 말이 작은 말보다 역동적인 장면을 표현하는 데에 효과적이라고 판단했던 것이다.

그녀에게 시간이 허락될 때마다 태권도를 가르쳤는데 그녀는 운동신경이 뛰어나서 태권도의 기본기를 빠르게 익혔다. 촬영 당시에는 몰랐지만 휴식시간에 한 쪽에서 쉬고 있는 그녀가 어딘가 불안해 보였다. 그녀에게 다가가보니 태권도 연습을 하다 다쳤던 것인지 촬영 중에 다쳤던 것인지 발목을 쥐어짜고 있는 모습이 무척 불편해 보였다.

그럼에도 불구하고 그녀는 특별한 치료 없이 아픔을 이겨내며 계속해서 촬영에 참여하는데 어느 날에는 도저히 안되겠는지 촬영 소품을 나르는 스태프들에게 기대어 아픈 발목을 주무르고 있었다.(대배우가 스태프에 기대어 쉬고 있는 모습은 신선한 충격이였다.)

양자경의 성공은 하루아침에 이루어진 것이 아니었다. 이처럼 시련과 고통에 맞서는 노력과 헌신이 있었기에 가능했던 것이다.

예스마담 3-중화전사 (1987) 영화 포스터

4-6. 영광의 깃발

영화계에서 많은 인연을 만들었지만, 그 중에서도 브라운관 속 스타에서 국회의원이 된 형들과의 일화가 생각난다.

어느 날 故 신성일 형이 찾아왔다.

"형! 요즘 뭐해?"

"원두막 하나 지어놓고 책도 쓰고 그러고 있지."

"땅은 있고?"

"어, 왜?"

나는 형에게 한옥을 지으라는 대담한 제안을 했다.

"그럼 다 없애 버리고 한옥을 지어 그리고 말 두필을 사서 타고 다녀!"

"음. 이상하지 않을까?"

"대배우 신성일의 집이라고 광고도 될 거야!"

그 후로 성일이 형은 한동안 보이지 않았다. 그러다 얼마 후 형이 말을 타고 있는 사진을 매거진에서 발견했다.

내가 홍콩에 있을 때였다. 故 이주일 형이 찾아와 함께 저녁을 먹고 소주 한 잔을 기울이면서 이런저런 이야기를 나누었다.

"형! 그런데 갑자기 홍콩은 왜 온 거야?"

"도망 나왔어!"

"무슨 일로?"

나는 놀라며 물었고 그는 더 이상 숨길 수 없다는 표정으로 말을 꺼냈다.

"정회장님이 나보고 국회의원에 출마하라고 하셔서…."

"그럼, 나가야지! 가문의 영광이 될 테고 빨리빨리 들어가. 한국으로."

나는 오래지 않아 주일이 형의 국회의원 당선 소식을 듣게 되었다.

뇌권 (1983) 영화 포스터

4-7. 님아, 그 강을 건너지 마오

주일이 형과 함께 시간을 보내고 있던 중 아내로부터 전화가 왔다. 어디 있다고 위치를 알려주자 잠시 후 아내가 도착했다. 주일이 형과 간략하게 인사를 나누는 아내의 목소리에서 미묘한 떨림이 느껴졌다. 그녀가 희소식이 아닌 비보를 가져왔음을 단번에 알아차릴 수 있었다. 주일이 형과 헤어지며 아내를 바라보았다. 아버지의 비보였다. 나는 슬픔을 뒤로하고, 아버지의 마지막을 위해 빠르게 움직였다. 인맥을 동원해 제일 빠른 비행기 티켓을 끊어 즉시 경남 함양으로 향했다.

나는 아버지를 한 평생 자식들을 위해 희생하신 분으로 기억한다.

"저 아이가 내 아들인 겨!"

아버지는 내 영화가 나올 때마다 마을 입구에 플래카드를 걸으셨다. 그것만으로도 부족하셨는지 지나가는 사람들을 붙잡고 자랑하시기 바쁘셨다. 내 영화가 시내 극장에 상영되기라도 하면 꼭 동네 분들과 함께 영화를 보러 가셨다.

아버지가 서울로 올라오시는 날에는 형제들이 모두 모였다. 아버지는 소주 한 병을 가지고 오셨고 우리는 근처 정육점에서 간을 사와 참기름하고 드실 수 있도록 썰어 드렸다. 아버지는 맛있게 소주와 간을 안주로 드시고 바로 내려가셨다.

"왜? 벌써 내려가세요?"

"너희들 얼굴 봤으면 되었다. 나 간다!"

그렇게 아버지는 홀연히 내려가시곤 했다. 이제 그 모습은 아버지를 추억하는 기억이 되었다.

부적처럼 고향 집 앞 대문에 '파월 용사의 집'이라고 적혀 있는 작은 현판을 온 동네 사람들에게 자랑하셨던 나의 아버지. 타국에서의 오랜 생활로 항상 마음 한편이 아렸는데 그 이유를 너무 늦게 알게 된 것 같습니다.

아버지가 제게 준 사랑과 헌신 그리고 그 모든 것이 저에게 큰 힘이 되었습니다. 아버지, 저는 이제 당신의 그림자도 볼 수 없지만 당신의 기억은 제 마음속에서 빛을 발하고 그 빛은 저의 삶을 이끌어 갑니다.

아버지, 저는 지금도 당신이 너무 그립습니다.

4-8. 대부

한국인 황정리는 서양권에는 이름이 알려졌지만 한국 영화는 해외에 크게 알려지지 않은 시기였다. 이는 내가 한국 영화 제작에 발을 들이게 된 결정적인 이유가 되었다. 나는 내가 가진 명성을 이용하여 한국의 영화를 해외에 알릴 수 있을 것 같았다. 그러니까 단순히 알리고자 하는 것이 아니라 알리는 것에 대한 강한 의지가 있었다.

'나 황정리는 한국 영화의 해외 시장 개척의 주인공이 될 것이다.'

이러한 결정을 내린 후로, 나는 들어오는 모든 영화 제안을 거절하였다.

나의 새로운 결심을 위해서 KAL(대한항공) 비행기 두 대를 빌려 스텝들과 배우들, 영화 촬영에 필요한 모든 소품까지 싣고 무작정 한국으로 왔다. 그리고 한국에 도착하자마자 종로에 있는 YMCA 호텔에 투숙하였다.

　그런데 이상하게도, 내가 귀국했다는 것이 어떻게 알려진 건지, 사람들이 하나 둘 찾아오기 시작했다. 문제는 찾아오는 사람마다 각기 다른 사연을 가지고 온다는 것이었다. 부모님의 병세, 자식의 대학교 등록금 부족 등, 기승전결 돈이 필요하다는 것이었다.

　당시 나는 홍콩 호텔에 돈을 쌓아 놓을 만큼 부유했으며 한국에 온 것도 영화 촬영을 위해서였기에 상당한 액수의 돈을 가지고 있었다.

　그들의 문제는 모두 돈으로 해결될 수 있는 것들이니 매몰차게 돌려보낼 수 없었다. 그래서 그들의 문제를 들어주고 필요한 만큼 돈을 빌려주었다.

　약 십여 명의 사람들의 사연을 듣고 문제를 해결해 주었다. 영화 촬영 진행도 미뤄지고, 내가 한국에 왜 왔는지 착각이 들 정도였다. 이건 아니다 싶어서 자주 얼굴을 비추던 한 사람을 잠깐 내 방으로 불렀다.

"영화 촬영하려고 하는데 돈을 다 썼으니 어디 가서 2억만 빌려오세요."

알겠다고 돌아간 그 사람은 약속과 달리 돌아오지 않았다. 사람들도 더 이상 찾아오지 않았다. 물론 돈을 갚으러 온 사람 역시 지금까지 한 명도 없었다.

얼마 후 충무로에 소문이 돌기 시작했다.

"황정리가 영화하다가 쫄딱 망했다."

계획대로 흘러갔다. 나는 마음을 다잡고 영화 촬영에 집중하기로 했다.

스태프들에게 영화 촬영에 대한 시놉시스와 스토리 아이디어를 요청하였다. 그리고 이 타이밍에 영화 촬영 속도를 높이는데 결정적인 사건이 발생하였다.

4-9. 영웅본색

그 당시의 시대는 금지된 자유를 되찾기 위해 대학생들이 목소리를 모으던 때였다. 한국 정부는 대규모 시위를 방지하기 위해 사람들이 모인 곳을 엄격히 제한하였다. 밤이 되면 외출이 금지되었고 3명 이상 모이면 잡혀가는 그런 분위기의 시대였다.

"한국의 시국이 어수선하니 바깥출입은 자제하고 호텔 내에서 업무를 보면서 이번 기회에 다들 충전하고 있어요!"

어느 날 아침에 보니 무술 감독과 스텝들이 나가고 없었다. 오후쯤이 되어서야 얼굴이 하나같이 겨울바람에 흔들리는 사시나무처럼 하얗게 질린 채로 나타났다.

"얼굴이 그게 뭐야? 어떻게 된 거야? 어디 나가지 말라고 당부했는데 이게 무슨 꼴들이야?"

내용을 들어보니, 밤이 되자 그들은 재미를 찾아 길을 헤매다 술집에 발을 디뎠다. 자리를 잡고 앉아서 이야기꽃을 터뜨리려는 찰나, 갑자기 무장군인들이 들어오며 분위기는 급변하게 되었다. 군인들은 총부리를 들이대며 모두를 한쪽으로 몰아넣었다. 술집 안 웃음소리는 사라진지 오래였고, 숨소리만이 귓가를 스쳤다. 군인들은 다시 외국인 따로 한국인 따로 나누어서 밤새 세워두더니 새벽이 밝아오자 외국인들과의 의사소통이 불가능하다는 것을 깨닫고 결국 풀어주었다.

그들은 그 하룻밤의 경험으로 인해 자신들이 얼마나 무력한지 얼마나 두려움에 약한 존재인지를 깨달았다고 했다. 그들의 눈동자는 깊은 공포와 불안으로 어둡게 물들어 있었다. 나는 그들을 진정시키고 상황을 안정시키기 위해 노력했다.

그러나 그런 어둠과 불안이 가득했던 상황 속에서도 우리는 열정을 잃지 않았다. 오히려 그 어려운 상황이 우리의 열정을 더욱 불태웠다. 결국 우리는 경주의 반월성으로 향했다. 우리에게는 확실한 영화 주제도, 아이디어도, 스토리도 없었다. 단지 빨리 영화를 찍어야 한다는 압박감만이 있었다.

우리는 엑스트라를 모집하기 위해 반월성 근처 대학교에 가서 모집 안내문을 붙였다. 며칠 후 약속된 날짜에 대학생들이 하나둘 모여들기 시작했다. 사람들을 모아 앉혀두고 10명씩 조를 만들었다. 그리고 한 팀이 촬영을 마치면, 다른 한 팀이 옷을 갈아입고 나가는 식으로 싸우는 장면을 반복해 찍었다. 그렇게 10번을 반복해 찍은 영상을 합치니, 내가 100명의 적을 단번에 물리치는 듯한 치열한 무술영화가 완성되었다.

영화의 마지막 엔딩 격투 장면은 물속에서 진행되었다. 물속에서의 격투는 매우 힘들었지만, 우리는 모든 열정을 쏟아 부어 촬영했다. 물 속에서 펼쳐진 격투가 끝나면 복수심에 불탄 젊은이가 달려와 나를 죽이는 극적인 순간이 펼쳐졌다.

오래전 젊은이의 아버지는 나에게 목숨을 잃었었고 나는 젊은이의 의도를 모르고 방심한 사이 그의 창에 찔려 죽는다는 설정이었다. 창에 찔려 숨을 거두는 순간 나는 무릎을 꿇으며 마지막 명대사를 남긴다.

"무사는 반드시 방심하면 안 된다."

그렇게 우리의 열정과 노력으로 완성된 특별한 작품 '차도살인'이 완성되었다.

영화 제작을 마친 후 영화를 판매하기 위해 홍콩으로 향했다. 그곳 세계의 바이어들이 모인 자리에 서서, 한국에서 제작한 영화를 소개했다. 그들에게 그 작품의 가치를 전하며 판매 가격을 제안했다.

그러나 사람들은 가격을 낮추려고 별의별 트집을 다 잡았고 나의 자존심은 크게 상했다. 홧김에 우리 조감독에게 주방에서 기름 한 병을 가져오라고 했고 나는 그 기름병 뚜껑을 열고 영화 필름에 부었다.

사람들은 나를 막아서려 했지만 자존심이 이미 조각날 대로 나버린 나는 말려지지 않았다. 나는 눈을 딱 감고 불씨를 당겼다. 기름을 부은 필름은 내 마음도 모르고 불길 속으로 사라져 버렸다.

그렇게 잿더미가 되어버린 영화는 당시 50억 원짜리의 가치를 지니고 있었다. 그것은 한국에서 첫 영화를 찍는 데 들인 비용이었다. 피땀 흘려 벌어들인 50억 원이 젊음의 열정에 휩쓸려 순식간에 사라져 버린 것이다.

'나의 운명을 극복하는 사람이 되자.'

사실 돌이켜보면 약간의 후회가 밀려왔다. 그럼에도 불구하고 후회를 뒤로한 채 나아갔다. 나의 꿈을 위해, 나의 열정을 위해.

4-10. 센과 치이로의 행방불명

한동안 무기력함에 빠져 있었다. 너무 화가 나서 미칠 것 같았다. 경제적 손실을 어떻게 만회할지 고민하고 있는데, 친구가 한 가지 흥미로운 제안을 해왔다.

"정리야! 왜 그렇게 우울해 있는 거야?"

"그냥 할 것이 없어서 이러고 있어."

"아는 사람이 지리산에서 뱀 장사를 하고 있는데 뱀을 팔면 돈을 많이 벌 수 있어."

뱀 장사에 대해 처음 듣는 거라 어떻게 하는지 물어봤고 친구는 중국에 가면 뱀을 많이 구할 수 있다고 알려주었다. 나는 현금을 준비해서 중국으로 갔다.

중국의 한 마을에 도착해서 마을 사람들에게 뱀을 구하러 왔다고 말했다. 놀랍게도 그들은 내가 예상한 것보다 훨씬 더 열정적으로, 하던 일들을 다 제쳐두고 뱀을 잡는 데 전념했다. 그들이 잡아 온 뱀들을 보니, 독사도 있고, 코브라도 있고, 흰 뱀도 있고, 여러 종류의 뱀들이 섞여 있었다.

뱀들을 차에 실어 보내야 하는 날이 왔다. 그런 중요한 순간에 주의를 소홀히 해 차를 놓치고 말았다. 한 번 기회를 놓치면 20일이 지나야 차에 실을 수 있었다. 절망스럽게도 기다리는 것이 내가 할 수 있는 유일한 방법이었다.

뱀들이 문제였다. 뱀들은 병아리 같은 먹을 것을 줘도 꿈쩍도 하지 않았다. 다른 먹이를 줘도 그것들을 먹지 않았다. 뱀들은 아무것도 먹지 않아 점점 마르고 있었다. 뱀들은 사람의 손이 한 번 닿으면 아무것도 먹지 않는 습성이 있다고 나중에 알게 되었다.

낮에는 뱀 때문에 고민하고 밤에는 꿈속에서 뱀에게 시달렸다. 꿈속에서는 전신주만 한 큰 뱀과 새끼 뱀들이 나타나 나의 발에 달라붙었고, 나의 다리를 타고 올라와 나를 위협했다. 나는 꿈속에서 그 뱀들을 떼어내느라 매일 밤 소리를 지르며 잠에서 깨곤 했다. 식은땀에 흠뻑 젖어 깨는 날이 늘어날수록 내 몰골은 점점 말이 아니게 되었다.

그러던 어느 날 중국에서 만난 친구가 나를 보더니 왜 그렇게 말라가는지, 고민이 무엇인지 물어봤다. 나는 뱀 이야기를 하게 되었고 그 친구는 내 고민을 해결해 줄 테니 조건이 있다고 했다.

"너 술 한잔 사야 해."

그 친구는 날계란을 사 오더니 뱀의 입에 쪼르르 넣어주었다. 그러자 그동안 고집스럽게 먹이를 거부하던 것이 믿어지지 않을 정도로 뱀들이 곧이곧대로 날계란을 받아먹었다. 그 덕분에 뱀들은 점점 건강해져서 살이 찌기 시작했고 한국으로 보낼 수 있게 되었다.

하지만, 그 후에도 문제는 계속되었다. 지리산 뱀 장사가 손해를 봤다고 했다. 뱀이 힘이 달려서 제 가격을 못 받으니 가격을 깎아 달라고 했다. 이런 부정직한 행동에 화가 났지만 나는 참고 가격을 깎아주었다.

며칠이 지나고, 부산에 사는 형이 홍콩에 왔다.

"내가 요번에 지리산 가서 뱀을 3,000만 원어치 먹었다."

순간 어떤 느낌이 와서 지리산에 있는 그 사람의 모습을 묘사하며 형에게 물어보았다. 그러자 형은 내가 묘사한 사람이 그 사람이 맞는다고 대답했다. 마침 지리산 뱀 장사가 나를 찾아 홍콩에 왔고, 그놈을 잡아 형과 대면을 시켰다.

"야! 도둑놈의 새끼야. 너 이 사람 알잖아."

"그래 알지."

"그래! 이 형이 너의 집에 가서 뱀을 3,000만 원어치 먹었다는데."

"아이~ 아니 장사 아닙니까? 장사가 그렇죠. 뭐"

그의 태도를 보며 참으로 황당했다. 성질 같아서는 확~ 패고도 싶었는데 그럴 수도 없으니, 그에게 추가로 돈을 받아 일단락 지었다.

여전히 밤마다 꿈에 뱀들이 나타나 불쾌함은 계속되었다. 나는 그것을 더 이상 견디지 못하고 뱀 장사를 그만두기로 했다.

한국에서 사업 제안이 들어왔다. 북어를 원한다는 내용이었다. 바로 중국에 연락해서 북한산 명태를 구할 수 있는지 상황을 알아봤다. 그러나 중국 측의 대답은 냉담했다. 바다로 나갈 기름이 부족해서 최근 조업을 하지 못했다는 것이었다. 나는 기름을 사서 그들에게 주고 명태를 잡아 오라고 부탁했다.

그러나 이번에도 사업은 순탄치 않았다. 조업해서 명태를 잡아 오면 박스 포장을 해야 했다. 처음에는 명태를 그냥 담아서 포장했는데, 그렇게 하면 상품 가치가 떨어진다고, 상자에 명태를 똑바로 뉘어 포장해야 한다고 했다. 그렇게 잡아 온 명태를 1자로 전부 포장해서 냉동실에 넣었다.

이번에는 구매자가 각 상자에 암컷이 몇 마리고, 수컷이 몇 마리인지 물어봤다. 포장된 명태의 암수를, 평생 영화인으로 살아온 내가 당연히 알 턱이 없었다.

구매자 말에 따르면 암컷 명태는 알이 있어 명란젓을 만들 수 있으니 가격이 더 높고 반면 수컷은 알이 없어 가격이 더 싸다고 했다. 바다에서 암컷만 건져 올릴 수도 없는데 어떻게 이 문제를 해결해야 할지 기가 찰 노릇이었다. 그래서 이번에도 손해를 봤다.

누군가가 한국에서 판매하는 방식대로 포장하라는 조언을 했다. 그 조언에 따라 나는 새로운 방식으로 명태를 포장하기 시작했다. 명태를 한 마리씩 싸리나무 가지에 끼워 말리면 황태가 된다고 해서, 싸리 나뭇가지를 구하고, 그 가지에 한 마리씩 명태를 끼워 말렸다. 그렇게 말린 황태는 한 묶음에 10마리씩 포장해 한국으로 보냈다.

이번에는 황태 더미가 작다며 구매자가 트집을 잡았다. 참으로 쉽게 되는 일이 하나도 없었다. 이번에도 온갖 노력을 기울였지만 이것저것 빼고 나니, 결국 남는 장사는 아니었다. 나는 비즈니스를 한 것이 아니라, 장사를 한 것이었다.

비즈니스는 단순히 돈을 벌기 위한 것이 아니라 가치를 창출하고 그 가치를 공유하는 것이다. 반면, 장사는 단순히 물건을 팔아 돈을 벌기 위한 것이다. 이 차이를 이해하고 있으면서도 실천하지 못하고 허우적대고 있는 내 모습을 뒤늦게 깨달았다.

나 자신의 비즈니스에 대해 다시 한번 생각해 보기로 했다. 나는 이제부터 비즈니스를 하는 사람으로서의 자세를 가지고, 장사를 하는 사람이 아니라 비즈니스를 하는 사람으로서의 길을 걷기로 했다.

오사원 감독과 함께

4-11. 신세계

지인을 통해 영화 무술 감독 제의가 들어왔다. 영화의 시나리오를 흥미롭게 듣고 있는데, 그의 다음 말에는 놀랄 수밖에 없었다. 본인의 이야기 영화에 본인이 주인공으로 나온다는 것이었다. 그 사실을 듣자마자, 단번에 거절의 입장을 밝혔다. 영화계 관례상 자신의 이야기를 직접 주인공으로 연기하는 경우는 없었기 때문이다.

단호한 거절에도 주인공은 10일 동안 매일 끈질기게 집으로 찾아왔다. 본인의 꿈이 영화에서 주인공이 되는 것이라 포기할 수 없다는 것이다. 그의 눈에는 꿈이 가득 차 있었다.

"이건 네 작품이야. 잘 만들면 가치가 올라가고, 반대로 실패한다면 자빠지는데, 굳이 네가 영화에 등장하는 건 오히려 영화에 도움이 안 될 거로 생각해."

그렇게 주인공에게 설득해 보기도 했지만 그의 꿈에 대한 집착은 생각보다 더 강했다.

그의 끈질긴 집착에 결국 나는 굴복하고 그가 꿈꾸는 영화를 만들어 주기로 했다. 그렇게 나는 무술 감독 겸 조연으로 영화 제작에 참여하게 되었다.

영화 중간 부분에 주인공과 나의 격렬한 대결 장면이 있었다. 전날 충분히 휴식을 취하라 하고, 다음 날이 되었다. 촬영장은 분주했다. 카메라가 굴러가기 시작하고, 촬영을 시작하는데 바로 NG가 났다. 하루가 지나도록, 우리는 한 컷도 완성하지 못했다. 촬영장 분위기가 점점 무거워지는 게 느껴졌다.

"오늘은 안 되겠다. 들어가서 일찍 쉬어."

다음 날 나는 새로운 기운을 가지고 촬영장으로 갔는데 감독이 촬영을 계속 미루고 있는 게 보였다. 잠시 후, 감독이 들어와서 하는 말이 주인공이 아파서 계속 누워있다는 것이었다. 점심 식사 시간이 되자, 그가 조심스럽게 이야기를 꺼냈다.

"선배님! 격투 장면을 드러내면 어떨까요?"

"엥? 액션이 없으면 사람들이 뭘 보는 건데. 그럼, 이 영화는 다큐멘터리가 될 거야."

문제는 예상치 못한 곳에서 발생했다. 어느 날 사무실에 검찰이 압수

수색 영장을 가지고 찾아왔다. 모든 것이 갑작스럽게 벌어져 순간 패닉에 빠졌다.

이틀 후, 검찰로 출두하였고 그들은 나에게 여러 가지 질문을 던졌다. 영화속 주인공과 개인적으로 식사한 적이 있는지에 대한 질문이었다. 팀들과 따로 식사를 요청한 적이 없어서 함께 밥을 먹은 적이 없다고 했다.

검찰 조사를 끝내고 사무실에 돌아왔을 때 눈 앞에 펼쳐진 모습은 참담했다. 모든 것이 뒤죽박죽으로 흐트러져 있는 것을 보고, 여러 생각에 잠기게 되었다. 이 모든 일이 어떻게 이렇게 되었는지, 앞으로 어떻게 해야 할지에 대한 고민이었다.

무술 영화배우 바비킴과 함께

4-12. 신과함께

아버지를 여의고 3년 뒤 어머니마저 하늘나라로 떠나보냈다. 어머니의 장례식을 치르면서 집을 둘러보았다. 살아생전 검소하셨던 부모님의 삶이 그대로 녹아있는 겉보기에도 평범한 여느 시골집이었다.

어머니는 나와 띠동갑인 막둥이를 임신하였을 때의 꿈을 자주 이야기해 주셨다. 꿈속에서 어머니는 옥황상제 앞에 가셨다.

"너는 아직 때가 아닌데 왜 벌써 왔느냐?"

"어쩌다가 밀려서 왔습니다."

"음, 그럼 이왕 왔으니 구경하다가 가거라!"

안내하는 누군가가 첫 번째로 보여줬던 곳은 기름이 끓고 있는 큰 가마솥에 젓가락으로 사람을 넣는 곳이었다. 이곳이 어디인지 물어보니,

"살면서 죄를 많이 지은 사람이 받게 되는 벌입니다."

또 다른 곳으로 갔는데 사람의 혀를 쭉 뽑아서 가위를 자르는 것이었다. 이곳이 어디인지 물어보니,

"살면서 거짓말로 사람들에게 피해를 준 사람이 받게 되는 벌입니다."

이번에는 어머니와 같은 임산부들이 강물에서 수영하는 것이었다. 이곳이 어디인지 물어보니,

"임산부가 죽었을 때 오게 되는 곳입니다."

어머니는 어떻게 돌아가는 거냐고 다시 물어보니,

"저기 하얀 강아지를 따라가시면 됩니다."

하여, 강아지를 따라 큰 통나무가 가로질러 있는 개울을 건너는데 강아지가 물에 빠지면서 깨어나셨다고 했다.

그 꿈이 있고 난 후 어머니는 우리에게 착하게 살고 남에게 피해를 주면 안 된다고 늘 말씀하셨다. 어머니의 삶은 검소함 속에서도 따뜻함을 품고 슬픔 속에서도 희망을 찾으셨다. 이러한 어머니의 가르침은 우리 형제들에게 물려진 가장 큰 유산이었다.

정리의 시대

무술(액션) 영화 변천사 1984 ~ 1993

1984년 : '베스트 키드(The Karate Kid)'가 개봉되며 무술 영화에 대한 대중의 관심을 끌어올립니다.

1980년대 중반 : 홍콩 액션 시네마가 전성기를 맞으며, 오우삼(John Woo)과 같은 감독들이 현대적 액션 장르를 선보입니다.

1985-1989년 : '장 클로드 반담(Jean-Claude Van Damme)', 스티븐 시걸(Steven Seagal)' 등이 미국 액션 영화 시장에서 부상합니다.

1988년 : '다이 하드(Die Hard)'가 개봉하며 액션 영화 장르의 공식을 재정립합니다.

1980년대 말 : 홍콩의 '원화평(Yuen Woo-ping)'과 같은 무술 지도자들이 헐리우드 영화에 참여하기 시작합니다.

정리의 시대

무술(액션) 영화 변천사 1984 ~ 1993

1990년대 초 : '터미네이터 2: 심판의 날(Terminator 2: Judgment Day)'과 같은 영화들이 첨단 특수효과와 액션을 결합합니다.

1991년 : '폭풍 속으로(Point Break)'가 서핑, 스카이다이빙 등을 포함한 액션 장면을 선보이며 장르를 확장합니다.

1992년 : '황비홍(Once Upon A Time In China)' 이연걸(Jet Li)배우는 90년대를 풍미한 최고의 배우가 되었습니다.

1993년 : '쥬라기 공원(Jurassic Park)'이 개봉하며 컴퓨터 생성 이미지(CGI)를 사용한 액션 시퀀스의 가능성을 보여줍니다.

이 시기 동안 무술영화는 단순한 싸움 장면에서 벗어나 스토리텔링, 특수효과, 그리고 캐릭터의 깊이를 포함하는 방향으로 발전했습니다. 또한, 홍콩 영화와 헐리우드 영화 사이의 교류가 증가하며 무술 장르의 글로벌화가 가속화되었습니다.

정리의 아카이브

응조철포삼 (1977) 영화 포스터

정리의 아카이브

오조십팔번 (1979) 영화 포스터

모산도인 (1979) DVD 포스터

STORY 5. 나의 50대
(1994~2003)

5-1. 라라랜드   185

5-2. 모래시계   187

5-3. 주유소 습격 사건   192

5-4. 빠삐용   195

5-5. 아웃 오브 아프리카   198

5-6. 캐치 미 이프 유 캔   201

5-7. 사랑의 불시착   203

5-1. 라라랜드

　삶에서 배운 지혜를 바탕으로 현재 상황을 냉정하게 평가하고 이해하는 것은, 느리지만 확실한 과정이었다. 이 과정을 통해 나는 중요한 사실 하나를 깨달았다. 그것은 모든 짐을 스스로 짊어지는 것이 아니라, 필요 없는 부분을 줄이고 가벼워지는 것이 더 나은 삶을 만들어 낸다는 사실이었다. 이런 깨달음 덕분에 불필요한 것들을 놓아버리는 것이 더 쉬워졌다.

　유산이란 개념이 나에게는 내가 무엇을 남길 것인가가 아니라 다른 사람들의 미래를 위한 비옥한 땅을 마련하는 일이었다. 그 땅 위에서 다른 사람들의 꿈이 싹트고, 그 꿈이 피어나는 것을 보는 것이 기쁨이 되었다. 단순한 것, 일상의 순간에서 느껴지는 평범한 즐거움이나 감동이 나를 만족시켰고 삶의 작은 부분들 그것들이 조용히 흘러가는 것에서 평온을 느꼈다.

　변화는 이제 삶의 필연적인 부분이 되었다. 그 변화를 통해 매번 나는 조금씩 다르게, 그러나 더욱 진실한 나를 남길 수 있었다. 작별 인사를 더 자주 하게 되면서 인생이 얼마나 짧고 그 시간이 얼마나 소중한지를 깨달았다. 슬픈 작별은 삶의 가치를 더욱 깊게 이해시키고 나를 변화시켰다. 오랜 친구와의 지속되는 우정을 축하했고 시간이 지날수록 더욱 소중해졌다.

지혜는 인생의 우여곡절이 뒤섞여, 언제 붙잡아야 할지, 언제 놓아야 할지를 알려주는 조언자가 되었다. 새로운 생각에 열린 마음을 가지면서도 신념을 지키는 방법을 배웠다. 나의 목표와 꿈은 현실의 제약에 의해 축소되지 않았다. 오히려 그들은 더욱 날카롭고 명확해졌다. 세상의 자연적인 순환 속에서 위로받았고 그 속에서 나의 삶이 어떻게 반영되는지를 보았다.

나의 50대는 변화의 바람이 불어오는 시기였다. 조용한 순간에도 성장의 기회가 있다는 것을 깨닫고 스스로 만들어낸 벽을 허물기 시작했다.

5-2. 모래시계

홍콩에서 바쁜 일정을 보내고 있음에도 불구하고, 업무를 위해 여러 차례 대한민국을 방문했다. 그러던 중, SBS 故 김종학 PD가 만나자는 연락이 왔다. 당시 SBS는 신생 방송사로, 아직 자리를 잡지 못한 상황이었다. 김 PD는 자신이 '모래시계'(1995)라는 작품의 연출을 맡게 되었다고 말했다.

"선배님! 이번에 준비하는 작품의 무술 감독을 해주실 수 있으세요?"

"음, 한 가지 조건이 있습니다."

"그게 뭔가요?"

"메인 스텝들을 홍콩에 데려와서, 홍콩의 촬영 시스템을 보여줄 수 있어야 합니다. 그럼, 제가 도와드리겠습니다."

얼마 후 메인 스텝들이 홍콩에 왔다. 나는 그들에게 가이드를 하면서 홍콩의 특수 촬영 및 영상 시스템을 견학할 수 있게 안내한 뒤 물었다.

"이제 이 작품을 할 수 있겠습니까?"

"예. 잘할 수 있습니다."

모두 열의의 찬 눈빛을 확인한 나는 '모래시계'에 제일 먼저 캐스팅되었다.

작품 중간에 카지노 신이 있었는데 김 PD가 고민하는 것을 보고 잠시 기다리라고 말했다.

당시 카지노 대부로 불렸던 故 정덕진님의 동생 故 정덕일과는 형제처럼 지내고 있었다. 나는 덕일에게 전화를 걸어 운영하는 카지노 기계 100여 대를 촬영용으로 빌려줄 수 있냐고 물었다. 그는 기꺼이 기계를 흔쾌히 빌려주겠다고 대답했다.

그다음으로는 촬영 장소를 준비해야 했다. 나는 故 신일용 배우가 운영하는 여의도 소재의 식당을 생각해 냈다. 일용이에게 전화를 걸어 카지노 분위기가 나는 장소가 필요한데, 촬영에 협조해 주겠냐고 요청했다. 그는 기꺼이 도와줄 것이라고 대답했다.

(내 이름 하나로 큰 도움을 주신 분들께 이 자리를 빌려 감사의 말씀을 드리고 싶다) 두 사람의 쾌척으로 완벽한 카지노 촬영장이 준비되었지만, 이번에는 액션 장면들이 충분히 사실적으로 나오지 않는다는 것을

발견했다. 김 PD의 더 강렬한 액션 요청도 있고 해서, 액션 장면에 참여하는 배우들에게 야구 방망이를 쥐여주고 카지노 기계들을 다 부숴도 괜찮다고 말했다.

"다 내가 책임질 테니 가장 리얼한 모습으로 연기해 보자!"

이렇게 해서 '모래시계' 카지노 신은 더욱 강렬하고 사실적으로 그려질 수 있었다.

카지노 신 촬영이 모두 끝나고, 덕일 이에게 전화가 왔다.

"형님! 촬영 끝났으면 카지노 기계들 좀 다시 돌려보내 주세요."

"미안하다. 멀쩡한 게 네다섯 대밖에 남지 않았다."

"괜찮아요. 멀쩡한 것이라도 돌려보내 주세요."

지금이라면 상상도 못 할 일인데, 그때 그렇게 무상으로 대여해 주어 참 고마웠다.

또 한 번은 당구장 신이 있었는데 배우들이 한 방을 맞고 나서 고통스러워하는 모습을 보고, 무언가 자연스럽지 않다는 것을 느꼈다. 그래서 스태프들에게 무릎과 팔꿈치 보호대를 준비시켰고, 배우들의 허벅지와 팔에 판자를 대어 테이블 보로 감고, 몽둥이로 힘껏 때려 보았다.

"아파, 안 아파?"

"아프지 않은데요!"

배우들은 어렵지 않게 몽둥이에 맞았고, 심지어 공중으로 날아가 떨어질 때도 매우 사실적으로 연기했다. 이러한 과정을 통해 '모래시계'의 액션 장면은 더욱 강렬하고 사실적으로 그려질 수 있었다.

정동진역 신을 촬영하러 갔을 때의 일이다. 정동진역의 열차 끝부분에 외로이 서 있는 소나무를 보고 나는 김 PD에게 제안했다.

"저 소나무 앞에서 최민수와 고현정이 만나는 장면을 촬영해 보는 건 어떨까?"

그렇게 정동진역의 '모래시계 소나무' 장면이 탄생하게 되었다.

지금은 글로벌 스타인 이정재 배우와의 일화도 있다. 당시 '모래시계'

에는 그가 아직 신인 배우의 모습으로 출연했었다. 식당이었는지, 클럽이었는지, 멀리서 그의 모습을 보았는데 쭉 빠진 게 인상적이었다. 김 PD와 이런저런 질문을 건네는데 김 PD가 고민하는 모습이 보였다. 나는 김 PD의 마음을 잡아줄 말을 건넸다.

"자네는 눈빛이 좋으니, 눈빛 연기로 가보는 게 어때? 나와 역할을 바꾸는 거야."

당시에는 드라마를 잘 보지 않는 20~30대 남성들이 '모래시계'를 보기 위해 일찍 귀가하는 통에 '귀가시계'라는 별칭이 붙었다. 심지어 직장에서도 '모래시계'가 방영되는 날에는 야근이나 회식이 중지될 만큼 엄청난 인기를 끌었다. '모래시계'는 평균 시청률 46%, 최종회에는 최고 시청률 64.5%라는 기염을 토하며, 드라마 역사에 한 획을 그었다.

5-3. 주유소 습격 사건

서울에서 오창근이라는 친구와 함께 자본금 2억으로 주식회사를 설립하였다. 2억이라는 자본금이 우리의 주머니 속에 있었지만, 그 돈을 어떤 식으로 투자해야 할지는 아직 미지수였다.

"제가 아는 사람 중에 세녹스 제조 기술자를 알고 있어요. 이 세녹스를 해외에서 팔면 돈이 될 것 같아요."

"그래, 미팅 날짜 잡아봐!"

그렇게 우리는 아무도 가지 않은 길, 세녹스의 해외 판매에 출사표를 던졌다.

해외 시장을 찾아보다가 라오스에 라인을 찾아서 연락해 보니 그곳에서 적극적으로 방문을 요청하는 것이었다. 우리는 곧장 라오스의 수도 비엔티안으로 향했다.

비행기를 타고 태국을 경유하던 도중, 우연히 중국인들의 대화를 듣게 되었다. (나는 중국어와 영어로 의사소통이 가능하다) "곡식이 고갈되어 가고 있으니, 해외에 땅을 많이 확보해야 한다!"

곡식 생산에 필요한 땅 확보는 중요한 문제이기 때문에, 이를 사업 아이템으로 삼아 볼 수 있을 것 같았다.

비엔티안에 도착하자마자 라오스 장관 일행이 우리를 맞아주었다. 그들의 도움으로 특별한 세관 절차 없이 바로 호텔로 이동할 수 있었다. 저녁이 되자, 장관 일행과 함께 호텔 근처 식당에서 저녁 식사를 했다. 식당에서 가볍게 이런저런 이야기를 나누던 중, 분위기가 술집으로 이동해 술을 마시는 것으로 바뀌었다.

"우리는 비즈니스 이야기를 해야 하는데, 조금 더 조용한 곳으로 자리를 옮겨서 이야기를 나누는 게 어떨까요?"

조용한 곳으로 옮긴 뒤, 방문 목적을 장관에게 설명했다.

다음 날 아침, 미팅이 재개되었다. 라오스 석유공사는 저장탱크 100대를 비롯해 기타 필요한 장소와 여건을 제공해 줄 것이라고 약속하였다. 그러나 우리와 함께 온 세녹스 기술자의 태도가 점차 소극적으로 바뀌는 것을 보았다. 그동안의 사회 경험으로 판단했을 때 나중에 본격적으로 사업을 시작하게 되면 그의 소극적인 태도가 발목을 잡을 것이라는 것을 알 수 있었다. 결국, 세녹스 기술자에게 결별을 선언했다. 이는 쉽지 않은 결정이었지만 사업의 성패를 위해 필요한 결정이었다.

세녹스 기술자가 없다고 가정하더라도 라오스에 다시 방문하게 되면 안정적으로 사업을 진행할 수 있도록 준비하는 것이 중요하다고 생각했다. 태국 공항에서 들었던 중국인들의 대화가 떠올라, 장관에게 땅을 구입할 의향이 있다며, 적당한 땅을 찾아달라고 요청했다.

다음날 장관은 400헥타르의 땅이 있다고 알려주었다. 나는 전날 준비해 온 3만 불을 테이블 위에 올려놓고 물었다.

"OK?"

라오스 장관은 약간 어리둥절한 표정으로 잠시 생각하더니, 껄껄 웃으며 "OK"라고 응답했다. 그렇게 계약서를 작성하고, 다음날 우리는 대한민국 귀국 길에 올랐다.

용호문 (1979) 스틸컷

5-4. 빠삐용

"지금 우리나라에 밥상 위에 올라오는 갈치는 다 아프리카에서 오고 있습니다."

"아프리카에서 생선이 오고 있다고?"

"네! 갈치의 경우는 세네갈에서 수입하고 있습니다."

갈치와 민어는 세네갈에서, 조기와 민어는 기니에서, 문어는 모르타니아에서 수입한다는 그의 말에, 우리는 어느새 아프리카 세네갈로 향하고 있었다.

평화로운 바다를 누비는 어부들의 모습이 눈앞에 펼쳐졌다. 그들이 끌어올린 생선들이 어떻게 우리나라의 밥상까지 오게 되는지, 그 과정을 직접 눈으로 확인하고 싶었다.

세네갈에 도착한 우리를 마중 나온 사람은 이번에도 현지 장관이었다. 그는 미국에서도 유명한 가수였다고 자신을 소개하였다. 무엇보다 나를 반갑게 맞아주었는데 내가 출연한 영화를 다 챙겨 봤다고 말하며 나의 팬임을 드러냈다. 비즈니스 이야기부터 하자는 우리에게 기본적인 안내는 받았으니까 우선 차 한 대를 빌려주겠다고 말했다.

우리는 장관이 제공한 차량에 올라타 기관총이 장착된 차량을 따라갔다. 차창 너머로 펼쳐진 바다의 풍경은 한적하고 평온했다. 바닷가에는 짓다가 만 건물들이 있었는데 장관은 그곳을 개발하고 활용하면 많은 것들을 할 수 있다고 설명했다.

장관의 안내는 계속되어 고래섬이라는 곳까지 배를 타고 이동했다. 섬의 꼭대기로 올라가 보니 대포가 보였는데 그곳이 영화 '나바론의 요새'(1961)의 촬영 장소라고 했다. 그리고 해안 절벽에 다다랐을 때는, 영화 '빠삐용'(1973)의 라스트 신이 촬영된 곳이라고 했다. 영화인으로서 세네갈의 다양한 풍경을 보며 많은 영감을 받았다. 확실히 영화 촬영 장소로 활용될 수 있는 장소가 많다는 생각이 들었다.

이튿날, 갈치를 판매하는 시장을 찾아갔다. 그곳의 냉동창고에는 싱싱한 갈치들이 산처럼 쌓여 있었다. 한국 사람들은 냉동창고를 빌려서 한국으로 수출한다고 했다. 점심시간이 되자, 시장 근처의 식당에서 갈치 요리를 맛보았는데, 그렇게 크고 맛있는 갈치는 이전에 맛본 적이 없었다.

이후 한참을 가는데 눈앞에 끝없이 펼쳐진 사막이 나타났다. 먼지와 모래가 태양 아래서 반짝이며 시야를 가득 채웠다. 잠시 후, 하늘에서 헬기의 소리가 들려왔다. 헬기가 사막길을 에스코트하며 우리는 사막 한가운데를 가로질러 문어가 많이 나온다는 모리타니아에 도착했다.

모리타니아에서는 국왕을 소개받았다. 그 또한 나의 영화를 많이 봤다며, 나의 팬이라고 이야기했다. 우리는 이것저것 물어보며 서로를 알아가기 시작했다. 그가 나에게 왜 이곳에 왔는지 물어 자초지종을 이야기했더니, 나를 도와주겠다고 했다. 그의 와이프도 나의 영화를 많이 봤다며 같이 사진을 찍고 신뢰의 시간을 충분히 가졌다.

아프리카에서 무역하려면 몇 가지 알아둬야 할 사항들이 있다. 아프리카의 국왕들은 부족 중심으로 국가를 이끌어가고 부족들은 서로 돌아가며 왕의 자리에 오른다. 그러나 중요한 것 중 하나는 미팅을 시작하기 전에 어느 정도의 로비 자금을 준비해야 한다는 것이다.

뭐, 아직 시작도 하지 않았는데, 집행돼야 한다는 게 우리의 사고방식으로는 이해하기 어려운 부분일 수 있다. 하지만 이는 그들의 문화와 제도, 그리고 그 지역의 통상적인 관행이다. '로마에 가면 로마법을 따르라(When in Rome, do as the Romans do)' 경구(警句)를 떠올리면 될 듯하다.

5-5. 아웃 오브 아프리카

모리타니아의 방송국을 견학할 기회가 있었다. 영화인으로 살아온 내 삶에서 그 방송국은 나의 아이디어 뱅크를 자극하기에 충분했다.

'훗날 다시 이곳에 온다면, 모리타니아의 방송국을 접수해야겠다.'

대통령에게 나의 큰 그림을 이야기했더니, 그는 '오케이!'라며, 회신을 해 주었다.

그렇게 방송국을 살펴보는 도중, 기니에서 전화 한 통이 왔다.

"거기서 뭐 하고 계세요? 기니 방문은 언제 하세요?"

나의 아프리카 방문 소식이 주변 국가에 퍼진 것 같았다. 나의 영화는 영국을 통해 아프리카를 포함한 여러 식민지국에 전파되었기 때문에 나의 아프리카 방문은 그들에게 큰 쟁점이 되었다.

기니로 이동하면서 킴벌리 광산이 시에라리온 관할에 있다는 이야기를 들었다. 다이아몬드에 대한 관심을 보이자, 그들은 영부인과 미국 회사가 채굴하고 있으며 그 사업권을 넘겨줄 수 없다고 말했다. 대신 원석 다이아몬드를 모아서 파는 곳이 있다는 말에 새로운 계획을 세우게 되었다.

그곳에서 다이아몬드를 구입하려면 현지 법인 설립을 해야 했다. 1년 동안의 구매 권한은 당시 우리 돈으로 3천만 원이 든다고 했고 법인 설립은 3백만 원이 든다고 말했다. 해당 비용을 지불해서라도, 해외 몇 군데에서 판매한다면, 충분한 수익을 낼 수 있다고 판단했다.

그러다 문득 이상한 생각이 들었다. 일이 뭔가 너무 쉽게 진행이 된다는 불안감이 엄습했다. (나의 이야기를 따라온 독자라면 금방 알 수 있을 것이다) 현실을 영화처럼 살아가고 있는 나에게, 진행이 될 듯하다가도 각각의 상황에 따라 진행이 멈춰졌던 많은 일들이 순간 스쳐 지나갔다.

그래서 나는 테스트 삼아 루비 원석을 가지고 한국에 돌아오게 되었다. 분당 야탑동에 사무실을 마련한 뒤 보석세공원을 채용하고 기계를 구입하여 가공했다. 그 결과 약 30개의 루비가 나왔는데 보석세공원 말이 루비들에 광을 내야 판매가 가능하다고 했다.

보석에 광을 내는 것은 홍콩에서 가능하다는 말을 듣고 세 개의 루비만 샘플로 내가 갖고 나머지는 기술자가 홍콩에서 광을 내도록 했다.

시에라리온 대통령 (오른쪽 세번째) 과 장관들

5-6. 캐치 미 이프 유 캔

나의 사랑하는 아내에게 샘플로 빼뒀던 세 개의 루비를 선물하며 사실 여부를 확인해 보라고 했다.

"여보, 어제 준 루비를 감정받았는데 가짜래요!"

아내의 말에 어리둥절했다. 내가 준 루비가 가짜라니, 그럴 리가 없다고 생각했다. 싸한 느낌은 나만 그렇지 않을 것이다. 다음날,

"오늘 다른 곳을 가봤는데 그곳에서도 가짜래요!"

이번에는 아내의 말에 불안해졌다. 루비가 정말 가짜일까? 의심이 점점 확신으로 바뀌었다. 그런데 다음날,

"여보! 오늘 간 곳에서는 진짜래요! 그간 다른 곳에서 받은 결과를 말해줬는데 아마도 대한민국에서 이렇게 큰 루비는 본 적이 없어서 그렇게 말했을 거라고 하네요!"

"그렇죠! 휴 다행이네요! 거봐요, 내가 루비라고 했잖아요!"

다음날 아내는 어제 방문한 곳에 가서 루비로 만든 반지와 귀걸이를 의뢰했다. 지금도 아내는 대외적인 행사가 있을 때마다 7.5캐럿의 루비 반지와 각각 5캐럿의 루비 귀걸이를 착용한다.

한 달 후 홍콩에서 전화가 왔다.

"사장님! 루비에 광을 냈는데요! 그게 다 타버렸어요!"

루비는 이미 자체 빛이 있었는데, 인위적으로 빛을 내려고 하다 보니 하얗게 타버린 것이다. 나는 한동안 홍콩에서 가져온 타버린 루비들을 주머니에 넣고 다니다가 하나씩, 하나씩 버리게 되었다.

속담에 '의심이 암귀를 낳는다(諺曰疑心生暗鬼)'라는 말이 있다. 속담의 의미처럼, 나의 의심으로 인해 일을 그르쳤다. 잠깐이라도 아프리카의 국왕과 일행을 의심했던 것에 대해, 미안한 마음으로 한동안 지내게 되었다.

5-7. 사랑의 불시착

어느 평범한 날 전화가 울렸다.

"황정리 총재님이신가요?"

"네, 그런데요!"

"최 장군님한테서 말씀 많이 들었습니다."

"네?"

"황 총재님도 우리나라에 오시면, 영웅 대접을 받으실 텐데 방문하시죠!"

"장난 전화하지 마세요! 끊겠습니다."

마음에 분노와 혼란스러움이 가득 찬 채 전화를 끊었다.

그렇다. 맹호부대에서 내가 태권도 품새를 연구하며 만들어낸 새로운 품새들이 결국은 내가 원치 않은 곳에서 쓰이고 있다는 것을 훗날 알게 되었다.

나는 대한민국 사람이며, 그 대한민국 태권도를 누구보다도 사랑한다. 그러나 그 사랑이 힘과 무력으로 변질되는 것을 보며, 깊은 상처를 받았다. 이제 나는 나의 태권도를 어떻게 지킬지에 대해 고민하게 된다.

정리의 시대

무술(액션) 영화 변천사 1994 ~ 2003

1990년대 중반 : 홍콩 영화의 영향력이 계속해서 성장하며, '원화평(Yuen Woo-ping)'과 같은 무술 지도자들이 할리우드 영화에 참여하기 시작합니다.

1998년 : '러시아워(Rush Hour)'의 성공으로 동서양 액션 스타의 협업이 대중화되며, 성룡(Jackie Chan)이 미국 시장에서도 인정받습니다.

1999년 : '매트릭스(The Matrix)'가 개봉하며 첨단 특수효과와 함께 동양 무술을 통합한 새로운 액션 영화의 장을 엽니다.

2000년대 초 : '엑스맨(X-Men)'과 '스파이더맨(SpiderMan)'과 같은 슈퍼히어로 영화들이 대중적인 인기를 얻으며, 액션 장르에 새로운 방향을 제시합니다.

정리의 시대

무술(액션) 영화 변천사 1994 ~ 2003

2000년 : '글래디에이터(Gladiator)'의 성공으로 역사적/서사적 액션 영화가 부활합니다.

2001년 : '블랙 호크 다운(Black Hawk Down)'과 같은 현대전을 다룬 액션 영화가 인기를 얻습니다.

2002년 : '제이슨 본(The Bourne Identity)' 시리즈의 시작으로 리얼리즘과 테크닉을 중시하는 액션 영화가 부상합니다.

2003년 : 쿠엔틴 타란티노(Quentin Tarantino) 감독은 '킬 빌(Kill Bill)'을 개봉하며, 고전 무술 영화에 대한 오마주를 현대적으로 재해석합니다.

이 시기는 기술의 발전, 동양 무술의 통합, 그리고 새로운 스토리텔링 방식을 통해 액션 장르가 다양화되고 글로벌화되는 중요한 시기였습니다. 또한, 이 시기에는 서양과 동양 영화의 교류가 더욱 활발해지며, 액션 장르가 새로운 차원으로 확장되었습니다.

정리의 아카이브

광동살무사 (1983) 영화 포스터

정리의 아카이브

독사 (1975) 영화 포스터

정리의 아카이브

소림목인항 (1976) 영화 포스터

STORY 6. 나의 60대
(2004~2013)

6-1. 굿 윌 헌팅　　　　　213

6-2. 인턴　　　　　　　　215

6-3. 오징어 게임　　　　　218

6-4. 마스터　　　　　　　220

6-5. 부활　　　　　　　　222

6-6. 드래곤볼　　　　　　225

6-7. 버킷리스트　　　　　227

6-1. 굿 윌 헌팅

매일 바쁘게 살아가다 보면 주변을 둘러볼 시간이 없다. 어쩌다 한번 숨을 돌리고 주변을 둘러보면, 평소에는 눈치채지 못했던 것들을 발견하게 된다. 60대의 문턱에 서서 아직 숨 가쁘게 달리고 있는 다른 이들을 차분하고 성숙한 관점으로 마주했다.

멈추니 비로소 젊은 날에는 간과했던 고요함 속 깊은 행복이 보였다. 오랜 시간 동안 지속된 관계의 열매를 수확하는 한편, 깊은 유대감의 따스함을 느꼈다. 나이 들어가는 것의 우아함을 받아들이며 각 주름에서 전해져오는 이야기들, 이겨낸 도전들, 공유된 웃음들을 목격했다. 나이에 대한 깊은 통찰을 통해 인생의 단순함을 더 깊이 이해했다.

"내려갈 때 보았네
 올라갈 때 보지 못한
 그 꽃"

- 고은 시인의 〈그 꽃〉

인생의 오르막길을 잘 오르는 데에 많은 시간과 공을 들였다. 때로는 원치 않게 내려가기도 했지만 인생의 내리막길에서 작은 성공의 기쁨을 배우고 시련을 통해 누적되는 힘의 중요성을 깨달았다. 다시 올라갈 힘은 내려가야만 보이는 꽃으로부터 나왔다는 것을, 멈추니 비로소 알게 되었다.

SLPeet 인터뷰

6-2. 인턴

　　동생 故 정덕일이 제주도 신라호텔에서 카지노 사업을 시작한다는 소식을 듣게 되었다. '모래시계' 촬영 당시 덕일이에게 빌렸던 카지노 기계에 대한 미안한 마음도 있고, 응원도 할 겸 제주도로 내려갔다.

　　"형님, 어쩐 일로 오셨어요! 반갑습니다."

　　"오픈했다길래, 응원차 내려왔지!"

　　그날 오후, 이런저런 이야기를 나누면서 요즘 뭐하냐고 묻길래, 실업자가 되었다고 대답했다. 덕일이는 잠시 놀란 듯 보였지만 곧 함께 일을 하자고 제안했다.

　　"내가 카지노에 대해서 뭘 안다고, 못해~"

　　"영화를 하는 사람은 달라도 다르던데요?"

　　"너 손해 볼 건데, 월급을 줘야 하니까!"

그의 제안을 받아들였고 이렇게 나는 제주 신라호텔 카지노의 부대표 자리를 맡게 되었다.

어느 날은 덕일이가 카지노 근처에 한 토지를 구매했는데 그곳에서 애플망고가 자란다고 나를 데리고 가는 것이었다. 그곳의 애플망고를 잘라 우유에 타서 줬는데 정말 맛있었다. 그의 토지가 얼마나 넓은지 물어보니 3천 평 정도 된다고 했다. 나의 아이디어는 거침이 없었다.

"먼저 땅 가운데 저수지를 만들고 인공섬을 띄우는 거야. 저수지에는 철갑상어를 키우는데, 6년을 키우면 캐비아를 생산할 수 있거든. 인공 섬에 2층 건물을 올려 1층에는 캐비아를 판매하는 고급 식당을 만들고 2층은 업무 공간으로 삼자."

"그게 가능해요?"

"네가 '오케이'만 하면 가능해."

덕일이는 '오케이'라고 고개를 끄덕이며, 내 말을 듣고 있었다.

"그리고 전세기를 구해야 해. 그래야 VVIP 고객들을 원하는 시간에 데리고 올 수 있으니까. 게임을 하러 온다는데 비행기 정도는 보내야지!"

인공섬으로 들어오는 입구에 요트를 정박시키고 섬 한 바퀴를 돌아 섬 주변에 만든 숙박시설로 안내하는 그림이었다. 내가 그린 그림의 종착역은 결국 돈이었다. 모든 인맥을 동원하면 비즈니스에 성공하는 데에 무리가 없음을 알고 있었기에 현실적인 돈의 문제에 대한 답을 주어야 했다.

"서울에 있는 카지노 한 개를 팔아서 더 큰 부가가치를 올리자!"

1주일 후, 서울에 올라간 동생에게서 연락이 왔다.

"형! 카지노 한 개를 팔았어요!"

하지만 덕일이가 카지노를 판매한 금액으로 빚잔치를 하면서, 나의 큰 그림은 아이디어로 남았다.

SLPeet 인터뷰

6-3. 오징어 게임

　드라마 출연 제의가 왔다. 대마도 촬영을 위해 부산항에 도착한 날, 선착장에는 '황정리 총재님의 방문을 환영합니다!' 라는 플래카드가 맞아주었다. 나는 약간은 들뜬 기분으로 배에 올라탔다. 배를 타고 한 시간 정도 갔을까, 가까운 거리라 할지라도 외국이라는 것은 보이는 풍경에서도 금세 알 수 있었다.

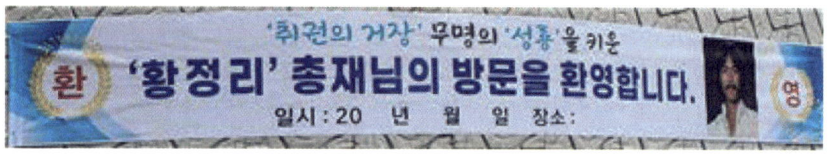

　호텔로 이동하는 길에는 '무궁화' 꽃이 피어 있는 집들이 나의 눈길을 사로잡았다. 그런 집들은 한국인들이 사는 곳이란 걸 단번에 알아챌 수 있었다. 타국에서도 자신의 국가를 잊지 않고 무궁화를 피우는 모습을 보며, 여러 생각이 들었다.

　내가 맡은 배역은 일본의 전설적인 검도인, 미야모토 무사시였다. 다음 날, 촬영 장소에 도착했을 때, 나에게는 역할에 맞는 복장과 검을 줬다. 이번 촬영에서는 공중에서의 이동이 필요한 장면이 있었다. 이를 위해, 우리는 와이어를 사용하게 되었다. 그렇게 3일 동안 나는 무사시의 역할에 몰입하여 촬영을 진행하였다.

부산으로 향하는 길에 나무가 빽빽이 있는 숲이 나를 멈추게 했다. 가는 길에서는 왜 보지 못했나 싶을 정도로 웅장한 숲이었다. 산과 산 사이에 맑은 물이 흐르고 있었고 대도시로 들어가는 초입 하수구로 보이는 수로 길의 물도 너무나 맑았다. 그 맑은 물 위에서 백로가 물고기를 잡아먹고 있었다. 숲길을 따라 꽃들이 활짝 피었다. 꽃은 풀벌레의 먹이가 되어도 때로는 강한 바람에 흔들려도 맹렬히 삶의 힘을 뿜어내었다.

그날의 자연은 나에게 깊은 교훈을 주는 스승이 되어 자연의 끝없는 순환을 통해 삶의 여정을 보여주었다. 어쩌면 너무나 당연하고 평범한 그날, 그곳의 풍경, 한 장면, 한 장면이 마치 영화처럼 내 마음속에 선명히 새겨졌다.

남북취권 (1979) 스틸컷

6-4. 마스터

   2011년 미국 펜실베이니아의 컨벤션 센터에서 열리는 토너먼트 대회의 심사위원으로 초대를 받았다. 태권도, 당수도, 주짓수, 우슈 등, 대표되는 무술들을 파트별로 나눠서 토너먼트 형태로 경기를 치렀다. 파트별 경기 사각라운드에는 주심 1명과 각 라인에 배치된 부심 4명이 심사를 했다.

   다양한 무술들이 한 공간에서 펼쳐지는 모습 속에서 나의 눈길을 가장 많이 끈 것은, 경기 시작 알림과 동시에 상대방들이 빨리 서로를 공격하는 경기방식이었다. 빠른 동작을 해왔거나 늘 봐왔던 나로서도 그들의 굉장히 빠른 동작을 보고 있으니, 다시금 옛날 생각이 나 집중해서 보고 있었다. 적절한 표현은 아니지만 이해를 돕자면, 서로 빠르게 공격하고 경기가 끝나는 닭싸움과 같았다.

   그렇게 긴장감으로 가득 찬 토너먼트 심사가 끝나고 국제한국무술협회(GKMAF)에서 나를 찾았다.

   "이번 대회의 심사는 단순한 심사가 아니라 황정리님을 국제 한국 무술

협회의 총재로 추대하기로 하고 초대한 것입니다."

하지만 그 자리에 있는 총재를 존경하고 있었고 나는 남의 자리를 탐내는 스타일이 아니었다. 그래서 나는 그들의 제안을 정중히 사양하였다.

"현 총재님으로부터 동의를 얻고 찾아뵈었으니 다시 한번 생각해 주세요!"

그들은 총재직을 계속해서 요청하였고 이 여정에 동참한 일행들마저도 총재직을 적극적으로 설득하는 분위기가 형성됐다. 그런 그들의 뜨거운 열정과 진심에 결국 손을 잡았고 그렇게 국제한국무술협회(GKMAF)의 총재로 추대되었다.

총재직을 부여받고 한 달여 동안은 미국 인접 국가인 구아나(GUYANA), 아르헨티나(ARGENTINA) 등을 방문하여 협회 총재로서의 역할을 수행했다. 현재 황정리 세계무술총연합회 총재로서 지속적인 글로벌 네트워크 확장을 위해 노력하고 있으며 해외 지부를 모집하고 있다. 이러한 활동은 무술에 대한 사랑과 열정을 더 많은 사람과 나누고자 함이며 다양한 무술 속에서 태권도의 위상이 더 높아지기를 바라는 마음이다.

6-5. 부활

　광화문에서 사무실을 운영하고 있을 때 알고 지내던 기자가 연락이 와서 '누군가'를 소개해 준다고 했다. 다음날, 기자와 함께 당당한 걸음으로 들어선 '누군가'와 첫인사를 나누었다. 그는 신학대학원 석사 과정을 마치고, 박사과정 중에 있다고 했다.

　"조금 마사지를 받으시면 아주 좋아지실 것 같습니다."

　당시 당뇨로 인해 몸이 이상하다는 느낌을 벗어던지지 못하고 있었다. 평상시 발걸음을 뗄 때마다, 몸이 붕붕 떠 있는 느낌이었다. 그의 제안에 당황스럽긴 했으나, 손길을 거부하지 않았다. 앉은 채로 그가 전하는 몇 분간의 마사지는 신기하게도 몸을 한결 가볍게 만들어주었다. 그렇게 자주 보게 되면서, 두터운 신뢰를 쌓아갔다.

　"내 일을 도와서 지금 하던 쪽으로 정진을 할 수 있으면, 주위에 많은 도움을 줄 것 같은데…."

　"음…."

"조건이 하나 있어. 함께 일을 하려면, 지금 하는 박사과정을 접고, 같이 일을 하는 거야!"

"총재님을 따르겠습니다."

"잘 생각해 봐!"

"열 번을 생각해도 다른 건 안 하겠습니다."

그의 확고한 의지를 시험했으나 대답은 더욱 확고했다.

"그래! 그럼, 지금부터 나를 따라다니면서, 내가 만나는 모든 사람을 만날 때, 기록하고 암기하고 그래. 전부 다 익히면서."

황정리 세계무술총연합회의 이미영 대표와의 만남은 그렇게 시작되었다. 10년이 흐르는 동안, 수많은 사람과의 미팅과 이야기 속에서 항상 그에 대한 신뢰를 표현했다.

"너희들은 이미영 대표만큼 할 수 없어. 나는 누구보다도 이 대표를 절대적으로 신뢰하고 있어. 너희들이 이미영 대표가 나에게 하는 10%로만 할 수 있으면 나는 버릴 수가 있는데, 그게 가능하겠어?"

황정리 세계무술총연합회의 미래는 이미영 대표와 함께라면 더욱 빛날 것이다. 그녀는 나의 신뢰와 함께 협회의 든든한 기둥으로 자리매김했다.

광동에서 온 아이 (1982) 스틸컷

이미영 대표와 함께

6-6. 드래곤볼

'사람들은 황정리를 어떻게 기억하고 있을까?'

영화 '사형도수'(1978)와 '취권'(1978)에 출연했을 당시 30대 중반이 었는데, 항상 60~70대의 분장을 하고 등장했었다. 나의 발차기는 스크린을 넘어 사람들의 기억에 남는 시그니처가 되었고, 콧수염과 무표정한 얼굴, 시니컬한 말투는 '황정리'라는 이름과 함께 따라오는 수식어가 되었다.

이미영 대표와 함께 본격적으로 황정리 세계무술총연합회를 시작했다.

"총재님! 이거 총재님 캐릭터 실버폭스와 닮았는데 보세요!"

이미영 대표가 말한 PC 화면을 보니 '드래곤볼'(1984)에서 등장하는 타오파이파이가 나와 매우 흡사했다. 며칠 동안 내 캐릭터가 쓰인 곳을 찾아보았는데 '버추어 파이터'(1993) 시리즈의 라우 첸 또한 나를 모티브로 한 듯 보였다. 이는 단순한 우연이 아닌 것 같아 나는 협회를 방문하는 사람들과 지인들에게 의견을 물었다. 그들 역시 나와 같은 생각을 하고 있었다.

내 이미지와 캐릭터가 각기 다른 매체에서 사용된 것이 단지 우연의 일치인지 아니면 내가 가진 독특한 특성이 영감을 준 것인지 명확히 하고 싶었다. 이것은 개인의 창작물에 대한 권리와 예술가로서의 정체성을 지키는 문제였다.

이에 나는 국제변호사와 충분히 상의한 뒤 '드래곤볼' 제작회사에 연락을 취하기에 이르렀다. 저작권이나 초상권, 그리고 이미지 권리에 대한 이해를 바탕으로, 대화를 통해 상호 만족할 수 있는 해결책을 찾고자 했다. 이는 단순히 나의 이미지와 캐릭터 보호에 대한 권리를 주장하는 것을 넘어, 나의 예술적 가치와 정체성을 존중받기 위한 과정이었다.

황정리   타오파이파이   라우 첸

6-7. 버킷리스트

세월이 흘러 나이를 먹으니 주위 사람들은 종종 나에게 미래에 대한 계획을 묻곤 한다. 그 질문에 나는 늘 주저 없이 같은 대답을 한다.

"대한민국을 무술의 성지로 만드는 것이 제 꿈입니다."

일반적으로 '성지(聖地)'라는 말은 종교적으로 성스러운 장소를 가리키는 경향이 있어, 자칫 한쪽으로 치우쳐서 해석하기 쉽다. 하지만 나에게 있어 '무술의 성지'는 대한민국의 위대함을 전 세계에 알리는 데 중요한 의미를 지니고 있다.

대한민국의 여러 지역을 돌아다니며 지자체장들과 공무원들에게 '무술의 성지'의 필요성과 그것이 지역사회에 가져다줄 효과 등을 설명했다. 그들 모두 본인들의 지역에 '무술의 성지' 설립을 희망했지만 설립 희망이 결실로 이어지지는 못했다.

코로나19가 확산이 불러온 그늘은 개인의 삶뿐만 아니라 지역사회에까지 정치, 경제 등 영역을 가리지 않고 드리웠으며 '무술의 성지' 설립 계획

안 역시 예외는 아니었다.

"볼거리, 먹거리, 편안한 숙소, 무엇보다 의미가 부여되는 '무술의 성지'는 지역사회에 많은 기회를 제공할 텐데…."

이런 생각을 오사원에게 전하니 그는 상하이에 본인이 가지고 있는 땅이 있으니 '무술의 성지'를 만들 것을 제안했다. 그의 제안은 고마웠지만 내 생각은 조금 달랐다.

"내가 대한민국 사람인데 그럴 순 없어. '무술의 성지'는 대한민국에서 먼저 실현할 거야."

오사원은 이미 나와 함께 여러 이야기를 나누며, 삶의 동반자가 되어 있었기에 내 말의 의미를 충분히 이해하고 있었다. 그는 언제든지 상황이 되면 이야기하라고 했다.

지금도 여전히 '무술의 성지'가 대한민국에서 설립되는 그날을 고대한다. 그날이 오면 대한민국은 무술을 사랑하는 이들에게 참된 성지가 될 것이며 대한민국 무술이 세계에 더욱 큰 영향을 끼칠 것이라 믿고 있다.

정리의 시대

무술(액션) 영화 변천사 2004 ~ 2013

2004년 : '킬 빌 2(Kill Bill: Vol. 2)'가 개봉하며, 타란티노 감독의 독특한 스타일과 동양 무술의 결합이 계속해서 인기를 끕니다.

2005년 : '배트맨 비긴즈(Batman Begins)'의 성공으로 캐릭터 중심의 슈퍼히어로 액션 영화가 새로운 경향으로 부상합니다.

2006년 : '007 카지노 로얄(Casino Royal)'의 개봉으로 제임스 본드 시리즈가 리부트되며 현실적이고 강렬한 액션 장면이 강조됩니다.

2000년대 중반 : '본(Bourne)' 시리즈와 같은 영화들이 액션 장르에 정교한 백병전(hand-to-hand combat)과 추격 장면을 선보이며, 액션 영화의 표준을 새롭게 정립합니다.

2008년 : '다크 나이트(The Dark Knight)'와 '아이언맨(Iron Man)'이 개봉하며, 슈퍼히어로 장르가 액션 영화 시장을 지배하기 시작합니다.

정리의 시대

무술(액션) 영화 변천사 2004 ~ 2013

2010년 : '인셉션(Inception)'의 개봉으로 복잡한 스토리라인과 혁신적인 시각 효과가 결합된 액션 영화가 주목받습니다.

2011년 : '레이드: 첫번째 습격(The Raid)'이 인도네시아에서 개봉하며 전세계적으로 큰 반향을 일으키고, 동남아시아 무술의 인기가 급증합니다.

2012년 : '어벤져스(The Avengers)'의 대대적인 성공으로 대규모 앙상블 캐스트를 가진 슈퍼히어로 영화가 대중 문화의 중심으로 자리 잡습니다.

2013년 : '그래비티(Gravity)'와 같은 과학 기술을 기반으로 한 액션 영화가 새로운 경향으로 떠오릅니다.

이 시기는 기술적 진보, 다양한 문화의 영향, 그리고 캐릭터와 스토리 중심의 접근 방식을 통해 액션 장르가 지속적으로 발전하고 다양화되는 중요한 시기였습니다. 특히 슈퍼히어로 영화의 부상은 장르에 큰 변화를 가져왔으며, 전 세계적으로 액션 영화의 인기가 더욱 확대되었습니다.

정리의 아카이브

삽안공부 (1977) 영화 포스터

정리의 아카이브

가이아나 니콜렛 헨리 교육부장관 (오른쪽 네번째)

신시아 로즈록 (Cynthia Rothrock)과 함께

STORY 7. 나의 70대
(2014~2023)

7-1. 시간은 거꾸로 간다   237

7-2. 더 퀸   239

7-3. 에어포스 원   241

7-4. 프레스티지   243

7-5. 제리 맥과이어   245

7-6. 멋진 인생   247

7-1. 시간은 거꾸로 간다

   나의 70대의 메일은 단순히 캘린더의 한 페이지를 넘기는 것이 아니라, 새로운 세상을 발견하고 감상하는 기회로 여겼다. 나이에 테가 늘어날수록, 작은 것에서도 심오한 의미와 행복을 찾아내는 능력도 자라났다. 숱한 경험과 시련 그리고 그것들로부터 얻은 교훈이 살아가는 데 필요한 지혜를 제공해 주었다.

   나이가 주는 지혜는 마음의 평화를 찾아주었고 곧 깊이 있는 대화의 가치를 깨닫게 되었다. 수십 년 동안 수많은 사람과의 대화 속에서 쌓아온 경험과 지식, 그리고 그것들이 만들어낸 풍부한 대화의 경험은 나에게 무척 소중한 보물과도 같았다.

   다양한 경험으로 가득 찬 삶을 되돌아보고, 여전히 이루어질 수 있는 가능성들을 기대했다. 나는 우리의 유산이 우리가 경험하는 삶과 복잡하게 얽혀 있다는 것을 깨닫게 되었다. 나의 보물을 발판 삼아 다른 사람들이 자기 삶의 길을 발견하는 것에 큰 행복을 느꼈다.

   삶이란 참으로 미묘한 것으로 모든 것이 제때 이루어진다는 것을 깨닫게 되었다. 지금까지의 여정에 감사하고 나를 이렇게 만들어 준 승리와 시련을 축하했다.

시간의 흐름 속에서 세월은 붙잡으려 해도 결국은 잡힐 듯 잡히지 않는 것이 세월의 흐름이다. 흘러가는 세월을 받아들이니 늘 멀리에 있는 것 같았던 행복이 사실은 항상 내 마음속에 있었단 것을 깨닫게 되었다.

7-2. 더 퀸

  2014년 9월, 리키 베이커(Ricky Baker)와 토비 러셀(Toby Russell)의 초대로, 런던에서 열리는 'SENI Strength & Combat Show'에 참석하기 위해 영국으로 향했다. 당시 '킹 오브 더 레그 파이터즈(The King of Leg Fighters)'(:영어권 국가의 팬들이 붙여준 닉네임)를 외쳐주는 팬들의 환호 속에서, 내 존재가 어떤 의미가 있는지, 그들에게 어떤 영향을 끼칠 수 있는지를 확인하는 시간이었다.

  故 엘리자베스 2세 여왕도 나의 무술 팬으로서 황정리 세계무술총연합회에 영국으로 초청한다는 전화가 왔다. 그녀의 초대는 나에게 큰 영광이지만 세상을 휩쓸고 있던 코로나19의 위험과 제한으로 인해 초대를 정중히 사양할 수밖에 없었다. 당시의 상황이 달랐다면 분명 여왕의 초대에 응했을 것이다.

  2022년 9월 8일, 엘리자베스 2세 여왕의 서거는 전 세계에 큰 충격과 슬픔을 안겼다. 내가 바라본 여왕은 여러 세대에 걸쳐 영감을 주는 리더십을 발휘하며 현대 역사상 존경받는 군주 중 한 명이었다. 여왕은 재위 기간 영국과 연방에 지대한 영향을 끼쳤는데 통찰력 있는 지도력과 헌신적인 봉사로 세계 여러 나라 사이의 가교 역할을 하였고 국제 무대에서 영국의 위상을 강화했다.

여왕은 위대한 리더로서 나에게도 큰 영감을 주었다. 대한민국의 무술인으로서 내 존재가 어떤 의미가 있는지, 존경받는 지도자가 되기 위해서는 어떠한 리더십을 보여주어야 하는지, 어떻게 영향을 끼칠 수 있는지, 여왕이 세상에 지핀 등불은 나의 마음속에서도 여전히 빛나고 있다.

SENI Strength & Combat Show 인터뷰 포즈

7-3. 에어포스 원

　펜실베이니아 중심부에 위치한 국제한국무술협회(GKMAF)는 세계 무술 등대 역할을 하고, 하는 곳이다. 이곳의 네트워크는 황정리 세계무술총협회의 광범위한 영향력을 입증하는 사례 중 하나로서 무술의 문화적인 교류가 활발히 이뤄졌다.

　문화외교가 분주했던 그런 시기에, 예상치 못한 전화 소리가 사무실에 울려 퍼졌다. 바로 미국의 버락 오바마 대통령이 직접 초청하고 싶다는 내용의 전화였다. 그는 나에게 미국으로 방문하여 상패를 받을 것을 제안했지만, 나는 이 영예로운 초대를 겸손함과 존경심을 가지고 정중하게 거절했다. 그런데도, 그 명판은 바다를 건너 내 사무실로 전달되었다.

　나에게 있어 그 명판은, 단순히 세계에서 가장 영향력 있는 지도자 중 한 사람이 보내온, 국가 간의 유대를 상징하는 표창이 아니었다. 나의 무술과 문화 교류에 대한 노력과 헌신을 인정받았단 것에 큰 감사의 의미를 두었으며, 끊임없이 노력해야 할 동기부여 그 자체였다.

　시간이 흘러 영원히 간직될 순간을 포착한 사진이 한 장 도착했다. 사진

속에는 도널드 트럼프 대통령의 취임식 날, 국제한국무술협회(GKMAF)의 명패를 높이 들고 있는 모습이 담겨 있었다.

사진을 보고 있으니 내 여행의 본질 무술을 통해 하나로 통하는 세계가 포착된 것 같았다. 그렇게 다시 한번 끊임없는 도전의 가치를 깨닫게 되었다.

2019 Presidential Physical Fitness Award

7-4. 프레스티지

그날 용산을 찾은 것은 일상적인 일정 소화를 위한 것이었다. 그러나 예상치 못한 만남이 그날을 특별하게 만들었다. 다음 일정으로 향하려 차에 오르려는 순간, 갑작스러운 외침이 뒤에서 들렸다.

"황정리~~~!"

그 외침의 주인공은 덩치 큰 세 명의 외국인 남자들이었다. 그들은 반갑게 웃으며, 손을 흔들고 있었다. 나도 그들에게 다가가 인사를 건넸고, 어찌 된 영문인지 물었다.

〈서울 광화문 광장에 있는 이순신 장군 동상〉

이야기를 들어보니 그들은 미국에서 나를 만나기 위해 한국까지 왔다고 했다. 그러나 나를 만날 방법이 없어, 겸사겸사 광화문의 이순신 장군 동상 앞에서 절을 하고 왔다는 것이었다. 그들은 내가 연기한 '실버폭스' 캐릭터를 기억하고 있었다. 내 캐릭터의 콧수염과 턱수염이 감히 이순신 장군을 닮았다며 그 아쉬움을 달래기 위해 절을 했다고 했다.

그들과의 우연한 만남에 감사하는 마음으로 악수하고 다시 차에 올랐다. 차가 10미터쯤 갔을까 그들에게 사진이라도 남겨줄 마음으로 차를 멈춰 세웠다. 그들은 여전히 그 자리에 서 있었고 내 쪽을 향해 오른손을 재킷 안으로 넣고 허리를 숙여 인사하고 있었다.

하지만 뒤에서 울리는 지속적인 경적 때문에 나는 그들과 함께 사진을 찍지 못하고 떠나야 했다. 그들을 다시 만날 수 있을지는 모르지만 만날 순간을 고대하며 함께 사진을 찍을 수 있기를 바란다.

7-5. 제리 맥과이어

2021년 3월 2일, 국기원의 홍보대사로 위촉되었다. 그날의 국기원 홍보대사 수락 연설문을 기억하며….

존경하는 국기원 관계자 여러분, 그리고 태권도를 사랑하는 전 세계의 동료 여러분, 오늘 이 자리에 서게 된 것을 진심으로 영광으로 생각합니다. 태권도 국기원의 홍보대사 책임을 수락함으로써 저는 이 무예가 지닌 깊은 가치와 전통을 널리 알리는 데 힘쓰고자 합니다.

태권도는 단순한 무술이 아닙니다. 이것은 자기 수양, 정신적 성장, 그리고 무엇보다 상호 존중의 정신을 배우는 방법입니다. 우리의 발차기와 손기술은 단순한 움직임 이상의 것을 대표합니다. 그것은 인내, 훈련, 그리고 무엇보다도 인간 정신의 끊임없는 발전을 상징합니다.

저의 역할은 태권도의 이러한 가치를 전 세계에 알리는 것입니다. 저는 전 세계의 사람들이 태권도를 통해 자신감을 얻고, 자기 자신을 발전시키며 긍정적인 커뮤니티의 일원이 될 수 있도록 돕고자 합니다.

또한 우리의 전통을 존중하고 현대 세계에 그것을 적용하는 방법을 탐색하고자 합니다.

태권도는 모든 연령과 배경을 가진 사람들에게 열려 있습니다. 이 무예는 개인의 한계를 넘어서는 것에 대한 용기 그리고 자신과 타인을 존중하는 법을 가르칩니다. 국기원과 함께 저는 이러한 가치를 널리 전파할 것을 약속드립니다.

마지막으로, 저는 태권도 커뮤니티의 일원이자 이제 국기원의 홍보대사로서 이 무예가 갖는 깊은 유산과 미래의 발전을 위해 헌신하겠습니다. 우리가 모두 함께 태권도의 가치를 세계에 알릴 수 있기를 바랍니다.

7-6. 멋진 인생

   2018년 3월 30일, '대한민국의 국기(國技)는 태권도로 한다.'고 명시한 '태권도 진흥 및 태권도 공원 조성 등에 관한 법률'이 통과되며, 태권도는 명실상부 우리나라 국기로서 법률적 근거를 두게 되었다.

   2023년 3월 25일, 태권도 국기 지정 5주년을 맞아 광화문 광장은 2만여 명의 태권도 수련 인들로 하얗게 물결쳤다. 나는 광화문 광장 단상에 올라 단체로 10분간 '태극 1장 품새' 동작을 선였다. 이 날 기네스 '최다 인원 단체 시연' 부문에 1만 2,263명이 성공하면서 새로운 기록을 수립했다.

눈 길 뚫고 들길 가도
모름지기 어지러이 가지 말라.
오늘 아침 내 발자국이
마침내 뒷사람의 길이 될 것이니.

穿雪野中去 不須胡亂行
今朝我行跡 遂爲後人程

– 문인 이양연의 〈야설(野雪)〉

내 무술의 근간은 태권도로 이루어져 있으며 그 어떤 사람보다 태권도를 사랑하는 나의 마음은 계절이 봄을 향해 끊임없이 변하는 것처럼 강하고 깊다. 국기원의 홍보대사로서 태권도가 지닌 깊은 가치를 세계에 전파하는 데 앞장선다.

그러한 역할을 다하는 과정에서 내가 남기는 발자국이 뒤따르는 이들의 길잡이 그들의 등대가 될 수 있기를 바라왔다. 그래서 그들에게 모범이 되어주고 그들이 어려움을 겪을 때는 멘토가 되어주는 것을 목표로 삼았다.

나는 오늘도 내 발자국을 남기며, 내 앞길을 담대하게 걷는다. 그 길 위에서 나는 끊임없이 더 나은 내일을 향해 나아가고 있다.

〈기네스북 현장 단상에서의 태권도 품새 시범을 하고 있는 모습〉

정리의 시대

무술(액션) 영화 변천사 1944 ~ 1963

2014-2017 : 전통적 액션 정점
무술(액션) 영화는 전통적인 히어로물과 무술 액션에 중점을 두었습니다. 다수의 마블(Marvel) 시리즈와 중국 무술 액션 주목을 받았습니다.

2018-2020 : 현실적, 복잡한 전투
무술(액션) 영화는 현실성과 스토리 중요시 되었습니다. 다양하고 복잡한 전투 장면 등장, 캐릭터 관계 강조되었습니다.

2021-2023 : 기술 혁신, 가상 현실
기술 혁신과 가상 현실(VR) 영향력 커졌습니다. 고품질 시각 효과와 인공 지능을 활용한 다이내믹한 액션 시퀀스 주목을 받았습니다.

무술(액션) 영화 산업은 전통에서 현대로, 그리고 미래로의 진화를 거듭하며 관객에게 지속적인 혁신과 무한한 가능성을 제공하고 있습니다.

정리의 아카이브

WAY OF THE Silver Fox

HWANG JAN LEE AND THE ART OF HIGH IMPACT KICKING.

JOHN BRENNAN examines the career of the screen's most awesome bootmaster.

In a combative sense, he is a Master within his chosen field of unarmed combat, The Way of the Ever So Real. Cinematically, one writer, Bey Logan, whose controversial pen has shed much ink on the general subject of Hong Kong films, stated that "He is by far the most prolific of Far Eastern villains". Although this view is definitely justifiable, as Hwang has appeared in literally hundreds of films, I cannot agree with it in its most literal sense. After viewing, and admiring, the exhilarating Jade Screen for so many years, I cannot honestly single out one man and say "He is the most prolific". Over the years, from the days of the gallant swordplay films of the legendary Shaw Brothers studio through to the high impact Golden Harvest films of Jackie Chan and Samo Hung Kam Po, there has been an accumulation of actors who have, not singly, but as an orchestra, made the villainous characters of the films as impressive as their heroes.

Every follower of traditional kung fu films, or of the modern day Hong Kong actioners, will have a particular star they hold in high esteem. However, there is one man who, while always pleasing

Way of the Silver Fox

[After the Story]

"저와 함께 80여 년을 같이 다녀보시니 어떠셨나요?"

이 세상에 변하지 않는 것은 없다고 합니다. 우리는 변화하기 위해 태어났으며, 변화하지 않으면 생(生)은 멈춘다고 합니다. 그러나 변하지 말아야 할 것이 있는데 그것은 바로 우리가 생(生)을 대하는 자세일 것입니다. 매 순간, 우리는 배움을 얻어야 하며, 어떤 것을 사실로 받아들이기 전에, 직접 경험하고 느껴야만 합니다.

이 책을 통해, 저는 제 인생의 모든 순간을 여러분과 공유했습니다. 행복과 슬픔, 성공과 실패, 기대와 실망이 공존하는 삶의 여정을 담았죠. 이 여정 속에서 가장 중요한 교훈은, 삶이 던져주는 모든 순간에 진실하게 반응하는 것이었습니다.

우리의 감정, 우리의 생각, 우리의 행동이 언제나 우리 자신의 진실을 반영해야 한다는 것을 깨달았습니다.

저는 변화의 바람 속에서도, 일관된 가치와 신념을 유지하기 위해 노력했습니다. 제 삶의 이야기가 여러분에게 영감을 주었기를 바라며 여러분 각자의 삶에서도 그러한 가치와 신념을 찾고 지키시길 희망합니다.

마지막으로 이 책을 통해 저와의 시간을 함께해주신 모든 독자분께 진심으로 감사드립니다. 여러분과의 소중한 만남은 제 삶의 또 다른 아름다운 변화였습니다. 여러분의 삶도 변화와 성장의 아름다운 여정이 되길 기원합니다.

'삶은 변화의 연속이며, 우리는 그 변화 속에서 끊임없이 성장한다'는 것을 잊지 마시길 바랍니다. 여러분의 이야기도 멋진 여정이 되길 바랍니다. 그 길에서, 언제나 변함없는 것은 바로 여러분의 진심이길 바랍니다.

여러분들이 지금 이 책을 읽고 있으실 때는 저는 또 다른 저의 버킷리스트를 실현하고 있을 겁니다.

이른 시일 현실 속에서 여러분들을 뵙기를 소망합니다.

2024년 1월 어느날
숫눈길에서….
황정리 올림

정리의 출연작품

1974년 : "돌아온 외다리"

1975년 : "독사"

1976년 : "미국 방문객"

1976년 : "남권북퇴"의 실버폭스 역

1976년 : "소림목인향"

1977년 : "영춘권 형제"

1977년 : "신퇴철선공"

1977년 : "삽안공부"

1977년 : "응조철포삼"

1977년 : "남권북퇴 투금호"

1978년 : "사형도수"

1978년 : "취권"

1979년 : "용의 발톱"

1979년 : "남북취권"

1979년 : "마오산의 도교"

1979년 : "부처님의 손바다"

1979년 : "브레이킹 헤드"

1979년 : "모산도인"

1979년 : "용호문"

정리의 출연작품

1980년 : "순찰실"
1980년 : "뱀, 고양이, 학의 하이브리드 주먹"
1980년 : "신비주먹 36수"
1980년 : "용 모양 밀링 브리지"
1980년 : "위대하고 강력한 탐정"
1980년 : "더블 스파이시"
1980년 : "비청원"
1980년 : "두 영웅"
1981년 : "인무가인"
1981년 : "용감한 용들"
1981년 : "독수리 발톱 고스트 핸드"
1981년 : "날아다니는 칼은 다시 날아다니는 칼을 본다"
1981년 : "사망탑"
1981년 : "빌린 칼로 살인"
1981년 : "괴도출마"
1981년 : "용희사촌들"
1982년 : "광동에서 온 아이"
1982년 : "끝"
1982년 : "콘도르, 제비, 나비 야자"
1982년 : "신불이 가득한 하늘"
1982년 : "드래곤 닌자"
1982년 : "흉종"
1982년 : "천용란"
1982년 : "해결사"

정리의 출연작품

1982년 : "호랑이와 학의 주먹"
1983년 : "오늘의 영웅"
1983년 : "광동완 소화진"
1983년 : "소림 초보자"
1983년 : "뇌권"
1983년 : "광동살무사"
1985년 : "닌자 터미네이터"
1986년 : "도적 영웅들"
1986년 : "미래 사냥꾼"
1986년 : "부 기차"
1986년 : "대나팔"
1987년 : "천사행동"
1987년 : "예스마담 3-중화전사"
1988년 : "와일드 로즈"
1988년 : "레드 네메시스"
1989년 : "철담웅풍"
1989년 : "영웅"
1992년 : "황비홍계열지일대사"
1993년 : "소림사 용팔이"
1994년 : "암흑가의 황제"
1995년 : "모래시계", 무술감독 & 조연
1996년 : "보스"
1996년 : "형제의 강"
2009년 : "돌아온 일지매" 외 다수

레디 액션!

황정리 세계무술총연합회는 전 세계의 재능 있는 분들을 다가오는 영화 프로젝트에 참여할 기회를 제공합니다.

☐ 참여 자격
- 나이, 국적, 성별 제한 없음

☐ 지원 방법
- 최대 3분을 넘지 않는 동영상(1분 자기소개/1분 무술 시범/1분 자유연기) 제출
- 형식: MP4
- 크기: 4GB 이내
- 제출된 동영상 저작권은 황정리 세계무술총연합회에 있음.

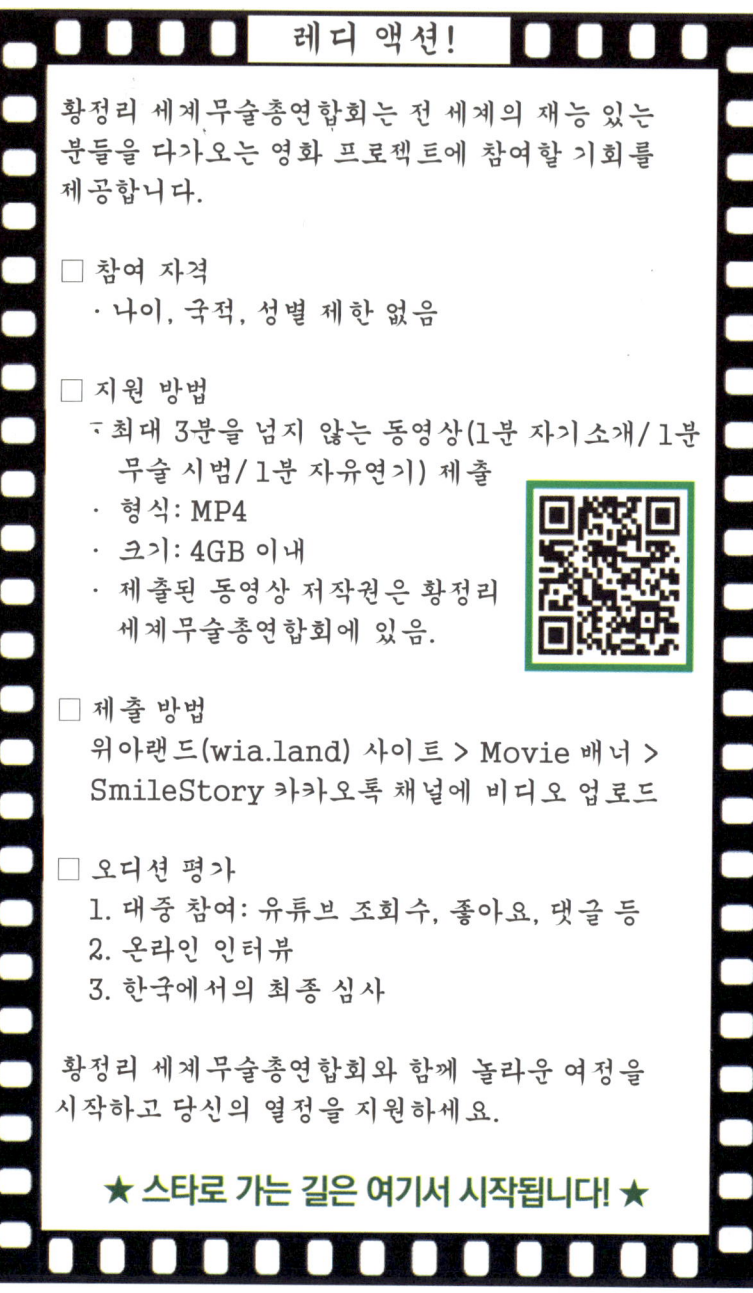

☐ 제출 방법
위아랜드(wia.land) 사이트 > Movie 배너 > SmileStory 카카오톡 채널에 비디오 업로드

☐ 오디션 평가
1. 대중 참여: 유튜브 조회수, 좋아요, 댓글 등
2. 온라인 인터뷰
3. 한국에서의 최종 심사

황정리 세계무술총연합회와 함께 놀라운 여정을 시작하고 당신의 열정을 지원하세요.

★ 스타로 가는 길은 여기서 시작됩니다! ★

레디 액션!

위아랜드(wia.land)는 세계인증산업협회(WIA)가 운영하는 WIA 국제자격시험 AI 인증 및 갱신 플랫폼입니다.

1. 위아랜드(wia.land) 접속

2. 소셜 로그인

3. 배너 > SmileStory 채널 동영상 제출

황정리 나의 인생, 나의 무술

초판 1쇄 | 2024. 02. 22.
발   행 | 2024. 02. 22.

지 은 이 | 황정리
발 행 처 | (주)스마일스토리

총괄편집 | 연삼흠
교정교열 | 이보민, 이미영, 박수진
북디자인 | 홍소영, 장소은

펴 낸 곳 | (주)스마일스토리
주   소 | 서울시 강서구 마곡중앙6로 21, 5층 511호 D01
          (마곡동, 이너매스마곡1차)
전   화 | 1599-1045(대표), 070-7101-7878(기획/편집)
팩   스 | 02-2606-1045
이 메 일 | ceosmilestory@nate.com
홈페이지 | www.smilestory.io

자서전 집필 및 출판 & 해외 판권 문의 : 1599-1045

© 2009 ~ 2024 SmileStory Inc.. All rights reserved.